22歲投資奇才的選股筆記

成功的投資人都如何面對市場？
一套「掌握這檔股」策略，
不懂專業術語也能穩健致富。

Danial Jiwani
丹尼爾・吉瓦尼——著
呂佩憶——譯

Take Stock In This

An Easy Way to Decide What Stock To Buy & When To Buy It

方舟文化

致謝

華倫・巴菲特，在我撰寫本書的過程中，他一直是我象徵性的投資導師。

霍華・馬克斯和比爾・艾克曼，我透過電子郵件分享了自己對寫書的熱情，而他們都給予非常正面的回應。

泰瑞・史密斯、賽斯・克拉曼和尼克・史立普，他們每一天都讓我獲得啟發。

目錄

推薦語

我跟本書的作者一樣，以巴菲特為投資導師，奉行價值投資，書中最打動我的，是作者反覆強調「少數股票創造多數報酬」與「產業比公司更重要」——完美呼應我的投資理念。

選股與其尋找普普通通的公司，不如買進「好到沒人能競爭」的企業，這類公司有壟斷性、難以被模仿，且處於正確的產業風口。投資成功的關鍵不在於多努力研究投資，而在有沒有做出正確的少數選擇。

本書就是在談如何找出好的產業、好的公司並且買在合理的價格，以長期持有憑藉複利效果與「什麼事都不要做的耐心」把獲利最大化，才能讓資產在競爭激烈的股市中慢慢放大，最終累積人生最大的財富。

——FIREman 的 FIRE 人生版主　Chris

筆者充分掌握價值投資大師們的投資精髓！買進沒人想要買的好公司，就是在好公司股價估值來到歷史低點時買入，同時要確定這家公司所在的跑道擁有長期的成長性，並且它在所屬的產業已經具備明顯優勢。

這是一本很容易讓人可以快速掌握大師們投資邏輯和思維的好書，建議大家可以多看幾次！

——知名理財 YouTuber　卡爾先生

作者深入淺出寫出自己選股的核心策略與豐富觀點，讓人能流暢地吸收。不過從事交易心理諮詢多年來，我深知真正的戰場除了理解這些原則外，持續精進決策品質和思維、堅守承諾與耐心才是最重要的。

在資訊流通快速的時代，「知道」什麼是正確的投資原則，已不是致富的稀缺資源。真正拉開贏家與輸家之間巨大鴻溝的關鍵挑戰，在於「如何持續做對的事」，也是本書的重點所在。

——《在交易的路上，與自己相遇》作者／Podcast「投資心理室」主持人　李哲緯

（鮪爸）

很多人常問我：「價值投資和指數投資哪一個比較好？」其實，讀完本書後，我才更清楚地發現，這兩種方法並不是對立的，反而可以互相結合，幫助我們更有效率地累積財富。

書中把價值投資拆解得非常清楚：挑對公司、用合理的價格買進，然後耐心等待時間的複利發揮力量。而對於忙碌、沒時間選股的人，指數投資就是最簡單的選擇，直接買下整個市場，長期持有就能跟著經濟成長走。

更棒的是，這本書也讓我看到，指數投資也能融入價值投資的精神，比如在市場估值低點時布局，或挑選便宜的市場和產業。這不需要每天盯盤，只要穩定執行，就能讓投資變得更安心、更有效率。

如果你曾經對投資感到迷惘，這本書真的很適合你。它不只教方法，還會幫你建立

長期的財富思維，讓你在忙碌的生活中，也能穩穩走在財務自由的路上。

——精算媽咪的家計簿 podcast 主持人　珊迪兔

「長期而言股票一定會上漲嗎？」作者開宗明義點出最關鍵的問題，並舉出實際數據佐證：從一九二六年～二〇一六年間，有高達五八％的股票表現甚至不如三個月期美國國庫券！都是依靠少數幾檔股票來拉高整體股市報酬。

在這樣的背景下，如何挑選好產業甚至是好股票就非常關鍵了！本書用深入淺出的四大方向：找到對的公司、用對的價格、放大上漲潛力、控制風險，能在啟發思維的同時，讓投資人學會用「企業經營」的視角來審視股票。

每個章節最後的「新舊思維對比」更能幫助你立即檢視自己的觀念與策略！本書值得反覆閱讀。

——總經專家／財經專欄作家　財經捕手

本書的作者在二十二歲時完成本書，實在是不得不佩服他能在這麼年輕時，就對價值投資有這麼多深入的觀點，並在成書後的今日來看，他提到的許多公司仍然在持續發展，而且也因為年輕，因此他整理下來的筆記中，有很多勇於挑戰傳統的部分。他認為持續在創新的公司，投資價值會遠高於穩定的公司，以及擁有眾多成功者的產業，代表產業正在快速發展，更具有投資價值。

其實接觸新思維與試著用不同觀點來思考投資，通常都是在投資市場中的成功者所必備的特質！

——FB粉專修正式價值投資版主　陳啟祥

對於多數新手投資人來說，股市像是一片迷霧。該買哪檔？何時進場？何時出場？二十年前剛開始投資時，我也曾被這些問題困惑。本書用淺顯易懂的語言，帶你走進巴菲特、彼得．林區等傳奇投資人的思維與實戰策略，教你找到對的公司、用對的價格、放大獲利空間、控制風險。

書中不講艱澀的專業術語，而是用真實案例告訴你，任何人都能用明確的方法挑到好股票，並長期累積財富。如果你想少走一點冤枉路、用最短的時間建立投資信心，這本書就像是一位值得信任的朋友，陪你踏出投資的第一步。

——「William Feng 的操盤筆記」版主　馮震凌

接下來你會看到的是

自《智慧型投資人》以來最好的投資理財書籍。

第一章

你的致富方法

我剛開始投資時感覺很迷惘。原因在於，投資人很難知道該買哪支股票，也很難知道何時該買進。

世界上有數百人在提供選股的建議，但我還是對自己選股的能力沒有信心。更糟的是，雖然有這麼多人在給建議，並沒有一個我能信任的人在引導我。

網路上充斥著假的投資大師。我到底能信任誰？

有一天，我忽然冒出一個瘋狂的想法：如果讓華倫．巴菲特（Warren Buffett）成為我的導師呢？（這當然只是比喻）畢竟，他是投資史上最值得信賴的人之一。我決定研究他說過的每一句話，學習他在投資決策背後的思維過程，並且比任何人都還要了解他的投資風格。

在把巴菲特當作我的「導師」之後，我在股市裡達到了難以置信的成功。我以每股三十八美元投資蘋果（Apple），之後這支股票在接下來的幾年漲到了每股逾兩百五十美元。我以每股一百三十八美元買進臉書（Facebook，現為 Meta），後來它的股價漲到每股逾六百美元。但還不止如此。

約四年前，我出版了一本書：《巴菲特的兩步驟股市策略》（*Buffett's 2-Step Stock Market Strategy*）。令我驚訝的是，讀者非常喜歡這本書，而且迅速爆紅。

連續好幾年，這本書在亞馬遜的銷售排名都是最暢銷的價值投資書籍之一。一位又一位讀者說這本書對他們的幫助很大。我原本只是想填補自己剛開始投資時找不到的知識空缺，沒想到卻意外幫助了全世界數以萬計的讀者。

那本書出版後，還有其他讀者寄來電子郵件，問我什麼時候會出版下一本書。我這才發現，我的工作還沒結束。

我出的下一本書是《異類投資人》（*Outlier Investors*）。這本書奪下了亞馬遜排行榜上的暢銷冠軍，銷售量一度超越了彼得・林區（Peter Lynch）的經典投資書《彼得・林區選股戰略》（*One Up On Wall Street*），甚至還有億萬富翁投資人閱讀了這本書。

出版了兩本書後，我想像著心目中的導師巴菲特拍拍我的背，給了我一個大大的鼓勵。但我心中仍有一種揮之不去的感覺，好像還有什麼事情沒完成。

《異類投資人》並不是為一般散戶所寫的（所以才會吸引億萬富翁讀者），然而，市場上仍需要一本為散戶投資人寫的書。事實上，這個需求非常龐大⋯⋯。

我十六歲時買了人生第一本有關投資的書籍。那是班傑明・葛拉漢（Benjamin Graham）所著的《智慧型股票投資人》（*The Intelligent Investor*）。幾十年來，這本書一直是投資領域的權威著作，所以我以為讀完這本書後，自己就能成為一位投資大師。

但是並沒有。因為這本書裡面充滿了術語，讀起來太過複雜。而且由於出版年代久遠，書中的內容似乎不再適用於現在的市場。

我心想，投資界需要一本新的經典。

時間快轉幾年後，你現在閱讀的這本書問市了，我知道這本書是我必須為十六歲的自己，以及全世界的散戶投資人所寫的。我相信這本書可以接續葛拉漢的腳步，成為下一本投資經典。我希望它能超乎你的期待。

本書的每一章都是以那些極為成功的投資人如何面對市場為基礎，包括巴菲特、彼得・林區、尼克・史立普（Nick Sleep）、卡爾・伊坎（Carl Icahn）、比爾・艾克曼（Bill Ackman）、霍華・馬克斯（Howard Marks）、泰瑞・史密斯（Terry Smith）以及其他許多人。書中的每一項原則，至少都經過上述其中一位投資人實踐過。

這些原則結合起來，一再帶來令人不可思議的市場成就。這些原則共同構成了「掌握這檔股」策略，這個策略的核心是：只要你買進對的公司……用對的價格……把上漲潛力放到最大……還有管理風險，你就能在股市中致富。

以下是本書各章將會涵蓋的課程快速預覽。結合在一起，你就會確切知道該買哪一檔股票，以及何時該買進：

- 在第二章中，我們將拆解一個能在市場中累積財富的策略。
- 在第三章中，我們將探討巴菲特如何只花十五分鐘就判斷出 Larson-Juhl 是值得投資的公司。
- 在第四章中，我們會發現只要選對產業，任何投資人都有機會打敗標普五百（S&P 500）。
- 在第五章中，我們會看到賽斯・克拉曼（Seth Klarman）如何透過兩項財務指標來判斷股票是否被低估，並因此每年獲得二〇%的報酬率。

- 在第六章中，我們將探討一個讓許多人白手起家成為百萬富翁的原則。
- 在第七章中，我們將說明史密斯如何違反「低價買進」的常識，卻每年仍能獲得超過一五%的報酬率。
- 在第八章中，我們將探討諸如億萬富豪奧蘭多·布拉沃（Orlando Bravo）這樣的成功投資人閱讀財報的真正原因。先給你一個提示：並不是為了那些數字。
- 在第九章中，我們將學習如何尋找「已經是贏家的成長股」。
- 在第十章中，我們會探索彼得·林區如何在富達基金（Fidelity Funds）任職期間，挑出十幾檔漲幅超過十倍的股票。你也可以跟他一樣！
- 在第十一章中，我們將探討巴菲特風險管理的理念背後的幾項原則，包括為何他說自己「願意承擔巨大風險」，但他卻被公認為保守型投資人。
- 在第十二章中，我們會看到一位一九三〇年代的女性，如何把她的三十萬美元畢生積蓄，變成超過一百五十萬美元（以今日價值計算為一千五百萬美元），只因為她從未在獲利時賣出股票。

- 在第十三章中，我們要來看看史利普如何在放棄超過九九%投資機會的情況下，連續十三年獲得每年二〇%的報酬率。
- 在第十四章中，我們會學到艾克曼因為忽略了堅守原則的重要性而損失數十億美元，甚至因此被《富比士》（*Forbes*）富豪榜除名。

在我們開始之前，謝謝你閱讀我的書。很榮幸能教你如何投資股市。如果你想親自聯絡我，我的電子郵件地址如下：danial.jiwani@danialjiwani.com。

祝你好運。

丹尼爾．吉瓦尼

公司的一小部分

你也可以成為上市公司的共同業主。只要買些股票就好了！

第二章

「掌握這檔股」策略

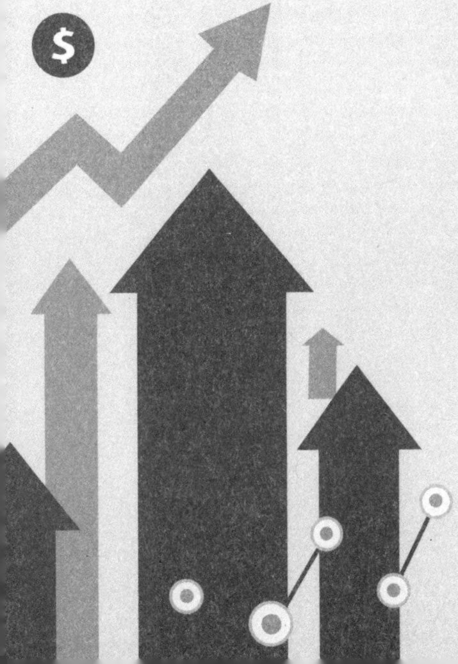

如果今天有人敲你的門，問你：「你要不要買下我家的家族企業？」你會怎麼做？

首先，你會想確定這是不是一家好企業。接著你可能會想知道，對方賣給你的價格是否合理。你也很可能會關心買下這間公司的風險與報酬是否值得。

聽起來很合邏輯吧？

因為確實如此。

我們可以用同樣的方法來投資股票（畢竟，股票只是企業的一部分）。因此，「掌握這檔股」系統用四個步驟來判斷一家企業是否值得投資：

1. 找到並投資對的公司。
2. 判斷它的股價是否合理。
3. 將上漲空間最大化。
4. 管理風險。

就像前面說的，只要你買進對的公司……用對的價格……把上漲潛力放到最大……還有管理風險，你就能在股市中致富。

接著我們要更詳細地探討這四個步驟：

1. 對的公司

亞利桑那州立大學的一位商學教授，在二〇一六年發表了一篇研究論文，他在論文中提出一個大膽的問題：「股票的績效是否優於美國國庫券（Treasury bills）？」

這個問題在所有人耳中聽起來都很荒謬。「股票的績效當然比國庫券好啊！」這個問題本身看起來就蠢得可笑，《紐約時報》（*The New York Times*）甚至還特別為這篇研究寫了一篇報導。

但是這個問題並不像你想的那麼荒謬。

人們常說「長期而言股票一定會上漲」，但並非完全屬實。

請考慮以下這些事實：過去一百年來，標普五百指數中，有超過一半的公司帶來負報酬；一九九七年至二〇一七年間，近四分之三的股票表現都落後標普五百；從一九二六年到二〇一六年，有五八%的股票表現甚至不如三個月期的美國國庫券……。

你可能會想：「搞什麼？怎麼會有那麼多公司的表現落後大盤？整體市場在上漲，為什麼幾乎所有公司都在跌？」

結果顯示，報酬是高度偏態分布的。換句話說，是少數幾檔股票表現極為出色，拉高了整體股市的報酬。

一個非常驚人的例子是，光是五檔股票（蘋果、埃克森美孚〔Exxon Mobil〕、微軟〔Microsoft〕、奇異電器〔General Electric Company〕、國際商業機器〔ＩＢＭ〕）就創造了一九二六年至二〇一六年整個股市總財富的一〇%。同樣地，從更廣泛的角度來看，在同一時期，整體股市中只有約四%的股票，真正貢獻了全部的財富增長。

這件事給我們兩個重要的啟示：

第一，**你必須假設標普五百中的每間公司都是壞投資，而不是好投資**。大多數人都會認為，標普五百中大部分的公司長期績效應該良好。畢竟，這可是美國最強的幾百間公司！為什麼長期績效不會好？但事實是，長期而言，只有不到五％的公司能創造強勁報酬。

第二，你必須非常挑剔，因為大多數的報酬是極少數的股票所創造的。**如果你想成為少數能打敗大盤的投資人，你就只能投資你研究過的二％到四％的頂尖企業。**除非你有信心某間公司是市場上前二％至四％的頂尖選擇，否則絕不要貿然投資。

在本書的第一部分〈只要你買進對的公司〉中，我們將討論如何找到大盤前二％到四％的頂尖企業。

過去一個世紀以來，五檔股票（蘋果、埃克森美孚、微軟、奇異電器、IBM）創造了整個股市總財富的一〇％。

---

2. 對的價格

想像一下，你的朋友在經營一間汽車經銷公司。他正試圖以一百萬美元的價格出售公司，好讓他可以著手進行其他計畫。

你查看了這間經銷公司的財務報表，發現了一件有趣的事：過去五年來，公司每年穩定地賺取五十萬美元的獲利。

你應該用一百萬美元買下這間公司嗎？

當然要啊！

你每年將會獲得五〇％的投資報酬率！你一次性支付了一百萬美元，然後每年都能拿回五十萬美元！這是每年五〇％的報酬率——遠高於標普五百指數每年八～一二％的報酬率。

請注意你是如何做出這個決定的——你是根據**獲利**而做出此決定。因為你預期這間公司相對於買進價會產生大量獲利，你就得出這是一筆好交易的結論。其實，在做每一個財務決策時，都應該用這樣的方式。

在買進出租用房產時，房地產投資人會問自己：「買下這間房子要多少錢？這間房子能為我帶來多少租金收入？」

當一位學生決定是否要攻讀某個學位時，他們會問自己：「學費是多少？這個學位能幫我增加多少額外收入？」

當一位創業者創辦一間公司時，他們會問自己：「創辦這間公司需要多少錢？我能從這間公司賺到多少獲利？」

而你在股市中也應該採取同樣的做法。問問自己：「投資這間公司要花多少錢？這間公司會賺多少錢？」

但人們在股市中很少以這種方式做投資決策。你會嗎？很有可能，你不會。

在本書第二部，我們將討論如何根據兩個變數，來判斷什麼時候是買進股票對的時機：一、投資一間公司的成本是多少；二、這間公司能賺多少錢。

投資的本質在於累積能產生現金流的資產。

3. 將上漲空間最大化

一九〇〇年代早期，有一位退休人士名叫蓋瑞特先生（Mr. Garrett）。他或許會被世人視為不適合自行管理財務的人；畢竟，身為前通用汽車（General Motors）公關副總及前《紐約郵報》（*New York Post*）編輯的他，並不具備金融或投資相關的背景。

但他有一套獨特的策略。

不同於那些每年目標只想超越市場一～二%的一般投資人，他的目標是徹底擊敗大盤，並在股市中積累巨大的財富。在接下來幾年，他找到兩間他認為有潛力帶來巨額報酬的公司：哈羅攝影器材公司（Haloid Photographic）和提詞機公司（Teleprompter）。他以每股一美元的價格買進十三萬三千股的哈羅攝影器材，並以每股〇．七五美元的價格買進五萬八百股的提詞機。

結果，這兩筆投資都非常成功。提詞機最終上漲超過三十倍，而哈羅其實是另一間公司全錄（Xerox，全球最大現代化辦公設備製造商）的前身。這兩筆投資（還有其他投資）的成功，讓他的淨資產在今天價值超過六千三百萬美元。

而你，也可以在股市中變得非常富有。

如果你挑中一些特別優質的股票，你真的可以變成千萬富翁。

不過，很多人並沒有意識到這一點。他們以為自己最多只能比市場多賺一～二%。

但事實是，如果你的策略正確，千萬富翁並不是空想。

巴菲特曾經也只是像你一樣的普通人，但他靠投資股票成為了億萬富豪；艾克曼曾經也只是像你一樣的普通人，但他靠投資股票成為了億萬富豪；查理．蒙格（Charlie Munger）曾經也只是像你一樣的普通人，但他靠投資股票成為了億萬富豪。

那你憑什麼不能也這樣致富呢？不要把「比市場多賺一～二%」當作你的目標，而是要把「透過股市建立七位數、八位數、甚至九位數的淨資產」作為方向。

在本書第三部，我們將探討如何找到具有巨大上漲空間的股票，並透過股市致富。

巴菲特是靠股票市場成為億萬富豪，你也可以。

4. 管理風險

在股市賺錢有兩種方法：

1. 挑選賺錢的公司。
2. 避開賠錢的公司。

你可能會以為這兩者同樣重要，但事實並非如此。要打敗大盤，避開賠錢股比挑對賺錢股還要來得更重要：

霍華・馬克斯在一九八〇年代中期加入TCW集團（TCW Group），負責管理該公司的不良債權基金。當時這是第一批由大型金融機構管理的不良債權基金之一。

但是有一個問題：要挑出哪些瀕臨破產的公司會成功翻身，是非常困難的事。

而馬克斯採取一個很有趣的策略：**他不試圖預測哪間有財務困難的公司會撐過去，而是選擇避開那些會倒閉的公司**。換句話說，他優先考慮的是避開輸家，而不是挑中贏家。他的這套策略績效極佳，結果獲得公司拔擢，升任投資長。他後來更成為全世界最頂尖的不良債權投資人之一。

這些成功全都來自於避開賠錢的公司，而不是預測賺錢的公司。

你有沒有聽過「贏家遊戲」與「輸家遊戲」這兩個概念？

贏家遊戲指的是透過「擊中勝利球」來取勝。舉例來說，在兩位專業網球選手之間的比賽中，能打出對手接不到的高水準擊球的那個人會贏。

輸家遊戲則是靠著避免失誤來獲勝。舉例來說，兩位業餘網球選手的比賽中，獲勝的通常不是能打出精彩球路的人，而是不犯錯、穩定地把球打回對方場地的那名選手。

結果顯示，投資其實是一場輸家遊戲，而非贏家遊戲。你賺錢的方式，不是靠找到下一檔熱門股，而是避開那些地雷。

在本書的第四部，我們會深入探討如何透過避開賠錢股，來達到風險管理的目的。

你不是靠選中贏家而賺錢。你是靠避開輸家而賺錢。

以上就是「掌握這檔股」策略的基本原則。

接著，我們就要開始深入拆解每個步驟了。換句話說，讓我們邁出第一步，學會如何利用股市建立真正的財富。

希望當下一間公司來敲門時，你已經準備好了。

「掌握這檔股」策略：

只要你買進對的公司……用對的價格……把上漲潛力放到最大……

還有管理風險，你就能在股市中致富。

\ 致富思維轉變 /

舊觀點

1. 所謂股票，就是用來交易以賺點外快的東西。
2. 大多數股票都會上漲。
3. 要投資好公司。
4. 買這檔股票的原因是價格未來會上漲。
5. 目標是打敗大盤。
6. 挑出會賺錢的股票。

新觀點

1. 股票其實就是公司——是那間公司的一小部分。
2. 少數幾檔股票帶動了大多數市場報酬。
3. 投資最頂尖的 2% 公司。
4. 買股票是為了現金流。
5. 目標是建立能世代傳承的財富。
6. 避免挑到賠錢的股票。

第一部

只要你買進對的公司……

#原則1　買進無論如何都會壯大的公司

沒有人能競爭的公司，很難虧損。

第三章

如何在十五分鐘內找到完美的股票

巴菲特在二〇〇一年研究 Larson-Juhl 這間企業——一間客製化畫框公司。他之前從未聽過這間公司，但在短短十五分鐘內，他就決定要投資了。沒錯，他只花了十五分鐘研究，就做出了投資決策。

你可能會想：「巴菲特怎麼可能只花十五分鐘研究，就做出投資決定？」

原因在於，他遵循本章將會說明的一個快速且簡單的策略：投資好到沒有人能跟它競爭的公司。

在二〇〇〇年代初期，巴菲特連一檔科技股都不想碰。他沒有投資雅虎（Yahoo）、Pets.com（按：向零售客戶銷售寵物用品的美國網路企業），也沒有投資ebay.com。他還忽略了許多其他科技公司，說他「不了解」那種商業模式。

某種程度上，那個決定是有道理的。

當時的科技股之後接連破產，Myspace 敗給臉書，雅虎輸給谷歌（Google），諾基亞（Nokia）不敵蘋果。當巴菲特在研究下一間科技公司時，他會想：「萬一這間科技公司成為下一個雅虎怎麼辦？萬一有新公司進入並顛覆了這個產業怎麼辦？」

那是網路泡沫的鼎盛時期，所以他避開科技業或許是一件好事。這個簡單的決定——拒絕所有科技股——為他省下了數十億美元，並讓他在華爾街看起來像個天才。但是後來發生了一件令人訝異的事——巴菲特在二〇一六年開始在建立三百億美元的蘋果投資部位。所有人都很意外。

「為什麼要投資科技公司？」人們問。當時數千篇文章湧現，標題像是「巴菲特曾經避開科技股，現在他卻超愛。發生了什麼事？」

在與CNBC的一場訪談中，巴菲特給了觀眾一份解釋。他說蘋果不同於其他科技公司，在蘋果的「產品生態系」裡，顧客的「忠誠度極高，至少在心理上和精神上是如此」。換句話說，沒有人能跟它競爭。

這是其他科技公司所沒有的特性。

雅虎沒有；諾基亞沒有；Pets.com 也沒有。

蘋果的生態系好到沒有人能跟它競爭。

最後，巴菲特對蘋果的投資漲了超過五〇〇%，《華爾街日報》（*The Wall Street*

Journal）甚至說這是他做過最棒的投資決策之一。

巴菲特過去不想持有任何科技股，是因為這些公司太容易被競爭者打倒。但是當他一找到無法被取代的科技公司——蘋果——他就出手了。這件事的教訓是什麼？**像巴菲特這樣的頂尖投資人，只投資好到競爭者無法撼動的公司。**

大公司不等於安全公司的原因

當代企管大師詹姆・柯林斯（JimCollins）於一九九四年出了一本書，名稱是《基業長青》（*Built to Last*），書中列出十八間他認為能經得起時間考驗的公司。

這十八間公司，就像是一九九〇年代的亞馬遜和蘋果，是在主要指數基金中表現最好的企業，因此，所有人都認為這些公司理所當然會表現優異。

但有一件事很有意思：其中有一半的公司績效非常糟糕。

1. 3M：自柯林斯的書出版至今，其股價表現落後標普五百指數超過六〇〇%。
2. 花旗集團（Citicorp）：根據投資資訊網站 Investopedia 的資料，截至二〇二三年四月為止，在過去二十五年來，花旗是標普五百指數中表現第二差的股票。
3. 福特（Ford）：自《基業長青》出版三十年以來，股價一分錢都沒漲。
4. 奇異電器：一九九四年到二〇一八年之間股價幾乎沒有成長，原因是公司內部問題。
5. 惠普（Hewlett-Packard）：從一九九四年到二〇二四年的表現，落後標普五百指數約四〇〇%。
6. IBM：從一九九〇年到二〇二四年，表現落後標普五百指數約六〇〇%。
7. 摩托羅拉（Motorola）：《基業長青》出版後的二十年內股價下跌，大盤則翻漲了好幾倍。
8. 諾斯壯百貨（Nordstrom）：過去九年股價下跌七〇%。
9. 索尼（Sony）：自一九九四年以來的總報酬率只有四%，績效大幅落後大盤。

這些公司曾經是一九九〇年代的「亞馬遜和蘋果」，但現在這些公司沒有一間是成功的。

這顯示了商業世界的一個重要真相：即使是最頂尖的公司也會倒下。如果歷史重演，很多今天的市場領導者明天將不再領頭，甚至可能包括像亞馬遜和谷歌這樣的公司。你有想過這一點嗎？

大多數人認為大公司就是安全的公司。人們認為蘋果很安全，因為它是手機產業的龍頭；人們認為沃爾格林（Walgreens）很安全，因為它是連鎖藥妝店；人們認為網飛（Netflix）很安全，因為它是串流影音平臺。

但事實是，歷史告訴我們，大公司不代表就是安全的投資標的。

我再來分享兩個親身經歷的例子。

二〇一六年時，奇異電器還被視為美國最偉大的公司之一。奇異由傳奇人物傑克·威爾許（Jack Welch）掌舵多年，是全美製造業龍頭之一。

我當時覺得這間公司不可能出問題。我走進每一戶人家，都會看到他們的家電產品，簡直就像他們發明了電一樣。我心想：「這是奇異電器耶！他們怎麼可能會有什麼問題？」

時間快轉到幾年後，這間公司陷入重組困境，股價大跌超過七〇％。更糟的是，因為市值下滑，奇異最後竟從標普五百指數中被剔除。

本來看似完美的買進、「製造業的亞馬遜」，結果卻成為一筆糟糕的投資機會。

在新冠肺炎疫情的谷底期間，沃爾格林看起來是一個不錯的標的。當時，它的股價處於五年來的最低點，似乎是一個便宜的機會。此外，它是藥妝產業的市場領導者。如果要形容的話，它就是「藥妝產業的可口可樂（Coca-Cola）」。

「能出什麼差錯呢？」我再次這樣想。

時間快轉到今天。這支股票從新冠肺炎疫情低點又下跌了超過七五％，因為公司面臨內部重組的挑戰。顯然，疫情之後情況還能更糟。

奇異電器和沃爾格林這兩間公司看起來都非常優秀，大多數人都會認為它們是世界上最頂尖的企業之一，結果卻都成了令人失望的投資。

你不應該因為沃爾瑪是美國最優秀的公司之一，就認為它是個安全的投資；你不應該因為網飛是美國最優秀的公司之一，就認為它是個安全的投資；你不應該因為沃爾格林是美國領先的藥妝店連鎖品牌之一，就認為它是一個安全的投資。

亞馬遜創辦人傑夫・貝佐斯（Jeff Bezos）曾說：「觀察大型企業，你會發現它們的壽命通常是三十幾年，而不是超過一百年。」一般來說，這是正確的。整體看來，大公司的壽命通常相當短。統計上看來，今天的龍頭企業大多無法在未來繼續領先市場。

不只沃爾瑪有破產的風險，其實，標普五百內幾乎每一間公司都有風險，因為大多數大型企業都無法長久。

但也有一些例外，有些公司可以存續百年之久。

可口可樂已經存續了超過一百三十年。

麥當勞已經存續了超過八十年。

富國銀行（Wells Fargo）已經存續了超過一百七十年。

這些企業有什麼共同點？這些企業做了什麼不一樣的事？真正要做到接近百年基業甚至更久，要具備什麼條件？

誰管競爭對手做了什麼！

有一天，一位大學生對超微半導體（AMD）的中央處理單元（CPU）做出了一個有趣的觀察。他得出這樣結論：超微的CPU表現太優秀了，所以沒有任何競爭對手能與之抗衡，因為：超微半導體的晶片圖形效能更好、快取更大、核心更多。

正如這位大學生所說：「從性價比的角度來看，超微在每個價位點都打敗了英特爾（Intel）。英特爾只是擁有品牌知名度而已。」

這位大學生以每股平均十四美元的價格買進一百股超微的股票。當我寫這篇文章的時候，這些股票已經價值超過一百六十七美元，報酬率超過一〇〇〇%。他說：「我唯一的遺憾就是，當時我只是個沒錢的大學生，沒辦法投資更多。我現在仍然持有那些股票，並且繼續使用超微的ＣＰＵ組裝電腦。」

他能獲得這一切成功，都是因為他買進了一間沒有競爭對手的公司！

我先前提到過三間經得起時間考驗的公司：可口可樂、麥當勞，還有富國銀行。這三家企業之所以能存續這麼久，是因為它們實在太優秀了，沒有人能與它們競爭。

儘管百事可樂花了數十億美元做廣告，並推出了在盲測中味道更勝一籌的產品，還發起知名的「百事挑戰」行銷活動（按：在購物中心等公共場所設置桌子，桌上擺放兩個白色杯子，一杯裝百事可樂，另一杯是可口可樂，鼓勵路人試喝後選擇偏好的口味），可口可樂依然是市場領導者，因為它的品牌力實在太強大。

儘管有像漢堡王（Burger King）、塔可鐘（Taco Bell）和肯德基（ＫＦＣ）這樣的強勁競爭對手，麥當勞還是能夠存續超過八十年，因為沒有人能打造出比它更讓人上癮的速食產品。

儘管矽谷銀行（Silicon Valley Bank）、雷曼兄弟（Lehman Brothers）等銀行在金

融危機中倒閉，再加上一九九〇年代的儲蓄貸款危機，富國銀行仍是銀行業的領導者，這都歸功於它極為保守的放款政策。

它們太強了，強到沒人能競爭。這才是你應該投資的公司類型。不是因為它們大，而是因為它們太好，好到沒人能望其項背。

投資最重要的條件：買進好到沒人能競爭的公司

人們常犯的錯誤，就是以為市場龍頭好到無人能敵。

巴菲特於一九六〇年代研究過一間名為霍希爾德－科恩（Hochschild-Kohn）的百貨公司，當時它是巴爾的摩市四大百貨公司之一。

但它沒有好到無人能敵。正如作者愛麗絲．施羅德（Alice Schroeder）在《雪球：巴菲特傳》（*The Snowball*）中寫道：

巴爾的摩的數據揭示出問題的端倪——每當四間百貨公司中的某一間裝了電梯，其餘三間就得跟進。每次有一間百貨公司更新櫥窗展示或購買新的收銀系統，其他三間也得照做。

結果呢？巴菲特被迫認賠出場，在這間公司破產前停損。

霍希爾德－科恩是市場龍頭嗎？理論上來說，是的，它是當時四大百貨之一。但它好到沒人能競爭嗎？並不是。

永遠不要只因為某間公司是市場領導者，就假設它不會被取代。很多市場領導者其實沒有強到沒有競爭對手。因此，我們要以更高的標準來檢驗自己持有的股票。

不要因為沃爾瑪是零售業的龍頭就投資它。只有當你確信，無論亞馬遜、好市多（Costco）或目標百貨（Target）做了什麼，沃爾瑪都會成功時，才去投資它。

不要只是因為埃克森美孚是一間石油業的龍頭就投資它。只有當你確信，不論英國石油（British Petroleum）、雪佛龍（Chevron）或東方石油（Occidental Petroleum）做了什麼，埃克森美孚都會成功時，才應該投資它。

不要只是因為沃爾格林是連鎖藥妝店的龍頭就投資它。只有當你確信，不論亞馬遜、CVS藥局或沃爾瑪的藥局做了什麼，沃爾格林都會成功時，才應該投資它（這是我親自學到的慘痛教訓）。

我在大學時對自己許下一個承諾。我說：「有一天，我要寫出一本被人們認為是『下一本《智慧型股票投資人》』的書。」我知道自己已經靠這本書實現了那個目標。我怎麼知道？因為這是唯一一本承認「大公司不等於安全公司」的投資書。

以下有四個方法，可以幫助你找到「好到沒有競爭對手」的公司。如果你運用以下這四項工具，就能夠容易找到優秀企業：

1. 尋找做的事有價值、稀有且難以模仿的公司。
2. 問問自己：「如果我有十億美元，我能打敗這間公司嗎？」
3. 只花十五分鐘研究一間公司。

4. 投資創新速度快過競爭對手的公司。

1. 尋找做的事有價值、稀有且難以模仿的公司

傑伊・巴尼（Jay Barney）是猶他大學的商學教授。除了他的學生之外，沒有人幾個人認識他。但是有一天，情況出現了大幅轉變。

他發表了一篇名為〈企業資源與持續競爭優勢〉（Firm Resources and Sustained Competitive Advantage）的研究論文。這篇論文解釋了一個人如何透過問自己三個簡單問題，判斷一間公司是否擁有可持續的競爭優勢[1]：

- 這間公司是否為消費者提供了有價值的東西？
- 能以這種方式為消費者創造價值的企業是否很少？
- 競爭對手是否很難模仿這間公司的商業模式？

整個商業界為這三個問題傾倒。根據拉桑創業學院（Lassonde Entrepreneurship Institute）的資料，巴尼後來成為他所任教的大學中，被引用次數最多的教授，甚至成為全球被引用次數最多的策略管理學者之一。現在每所商學院（包括哈佛、耶魯、華頓）都會教授他的三個問題，讓學生學習如何辨別競爭優勢。

接著我們來逐一探討巴尼提出的幾個要點。

首先，一間公司必須做出有價值的事情。這間公司必須創造出對市場有價值的產品或服務。換句話說，顧客是否認為它的產品或服務有價值？

第二，必須做出很稀有的事情。不能有很多其他公司也在相同的品質與價格上，提供這項產品或服務。

第三，必須做出難以模仿的事情。競爭對手不應該能輕易複製這間公司交付優質產品或服務的能力。

1 嚴格來說，他的論文其實有四個核心原則，但本書刻意省略了其中一個。

亞馬遜就是一個做的事有價值、稀有且難以模仿的公司範例。

首先，亞馬遜提供的東西比競爭對手更有價值。公司提供免費的兩日送達、低價產品，以及龐大的商品選擇。這些都是顧客認為有價值的事物。

其次，亞馬遜做的事很稀有。很少有公司能提供與亞馬遜相同等級的顧客體驗。事實上，沒有任何一間公司能夠提供像亞馬遜那樣廣泛的產品選擇、低廉價格與快速配送，更別提它極其友善的退貨政策了。

第三，亞馬遜做的事情難以模仿。幾乎沒有人能夠複製其顧客體驗，包括免費兩日配送、同樣低的價格、同樣廣泛的產品種類。因此，它的價值主張是難以模仿的。

一個可能沒有真正競爭優勢的公司範例，則是埃克森美孚。

埃克森美孚通過了「有價值、稀有、難以模仿」測驗中的第一項。換句話說，它確實做了一件有價值的事：以低價為消費者開採並販售石油。

但是埃克森美孚並未通過第二與第三項測驗。

首先，它做的事情並不稀有。有很多公司可以用與埃克森美孚相同的方式開採石油。舉幾個例子：雪佛龍、康菲（ConocoPhillips），以及皇家荷蘭殼牌（Royal Dutch Shell）。

其次，它做的事情並不難模仿，任何人都可以用埃克森美孚的方式開採石油。

由於埃克森美孚無法通過這三個測驗，我們就不能說它是一間好到沒有競爭對手的公司。

投資人應該審慎以對一間可能是優秀的公司。但它真的擁有無法被超越的優勢嗎？

我曾經透過電子郵件，和知名億萬投資人霍華・馬克斯談論過我的書。

讓馬克斯對我的書產生興趣的，不只是書的內容，還有我的背景。我在高中時就寫出了第一本暢銷的投資書。雖然我當時還很年輕，但馬克斯仍然相信我有潛力寫出一本優秀的投資書。這一點也被證明是真的，我的書至今仍持續在全美各地蟬聯暢銷排行榜冠軍。

但是除了我的背景外，讓他對這本書感興趣的還有書中的深入見解。我的書中所包含的見解，是市面上所有書中最高品質的之一。你有沒有讀過哪一本書，提到有價值、稀有、難以模仿的考驗？答案是沒有。

身為作者，我一直以來的目標就是做到這點。我會說，本書的「掌握這檔股」方法，相較於其他投資書，具有明確的競爭優勢。

2.「如果我有十億美元，我能擊敗他們嗎？」

巴菲特在二〇〇八年時有機會收購瑪氏（Mars），這間販售特趣（Twix）、彩虹糖（Skittles）和 M&M's 的糖果公司。這是一個難得的機會，能夠收購世界領先的糖果公司之一。

為了判斷這間公司是否無論如何都能壯大，巴菲特設身處地從競爭對手的角度思考，並問了自己一個問題：「如果我有十億美元，我能把士力架（Snickers）從巧克力龍頭的地位拉下來嗎？」

這個問題的答案很明確是「不能」。即使他是個擁有超過十億美元資金的競爭者，仍不認為自己能夠取代士力架的地位。

於是他以六十五億美元的價格收購這間糖果公司，後來他在接受媒體採訪時表示，他對瑪氏的投資獲利空間非常大。

判斷一間公司是否真的很好，其中一種方法就是設想自己是競爭對手，然後問自己：「如果我有十億美元，我能把這間公司從市場龍頭的地位上拉下來嗎？」

如果你正在研究谷歌，就問自己：「如果我經營一間競爭的搜尋引擎，並且手上有十億美元，我能想出辦法扳倒谷歌嗎？」

如果你正在研究網飛，就問自己：「如果我經營一間競爭的串流媒體服務，而且手上有十億美元，我能想出辦法扳倒網飛嗎？」

如果你正在研究蘋果，就問自己：「如果我經營一間競爭的手機公司，而且手上有十億美元，我能想出辦法扳倒蘋果嗎？」

如果你沒有信心，不認為一間公司能抵擋得住競爭對手，那麼你就不應該投資它。

避險基金大師比爾·艾克曼幾年前聽說了我的書。他稍微了解了一下我的背景，立刻就產生了興趣。他從來沒有遇過大學生能寫出暢銷的投資書籍，便請我寄一本書給他。如果艾克曼對我的書有信心，那麼你也應該有。

3. 只花十五分鐘研究一間公司

還記得這一章的開頭嗎？讓我們回到二〇〇一年，當時巴菲特正在研究 Larson-Juhl——他考慮收購的客製化相框公司。

你可能會想，巴菲特肯定花了好幾個小時研究這間公司，畢竟，他以前根本沒有聽過 Larson-Juhl，所以理論上他應該要花更多時間去了解。況且，他沒有其他工作要做，有的是時間可以研究。而且，詳盡地調查很重要，對吧？

調查很重要嗎？

其實，從第一次聽說 Larson-Juhl 到決定購買這間公司，巴菲特只花了十五分鐘。

你可能會問：「是什麼促使他這麼快就決定買下這間公司？」

事實是，要判斷一間公司是否優秀，不需要太久的時間。正如巴菲特所說：「如果如果在五分鐘內無法做出決定，那麼花五個月也無法決定。」

巴菲特只花十五分鐘研究，

就能做出比九九％的投資人更好的投資決策。

看看這幾間公司：星巴克、亞馬遜和蘋果。它們的巨大競爭優勢，幾乎一眼就能看出來。

星巴克的品牌力有多強，你不需要一個小時來判斷。亞馬遜的客戶體驗有多棒，不需要花一天的時間就能了解。蘋果產品的品質是否為世界頂尖、蘋果的生態系統是否讓使用者難以離開，不需要一個星期就能看出。

只要幾分鐘就夠了。

但這就是時間這件事的另一面：如果你花了超過幾分鐘的時間，卻還無法判斷一間公司的競爭優勢，那麼它很可能根本沒有競爭優勢。

我曾經研究過 Nomad Foods，這是一間英國冷凍食品公司。我當時想知道，這間公司是否強大到沒人能跟它競爭。

我花了好幾個小時研究，讀了所有最近的年報，花了很多時間查閱不同投資人的觀點，甚至給自己整整一個星期的時間來思考這項投資決定。

但後來，我忽然了解到一件事——我還沒有找到答案，而這件事本身就是答案。

我放棄了這項投資，這是一個正確的選擇……我本來應該可以在十五分鐘內就做出這個決定。

當你花了十五分鐘思考一間公司，假如還是沒能得出結論，就應該停止研究。研究超過十五分鐘，只是浪費時間。

4. 投資於創新速度超越競爭對手的公司

接下來這則故事，講的是一場世上最怪異的法說會。

一位華爾街分析師對伊隆．馬斯克（Elon Musk）提問，詢問建造特斯拉（Tesla）電動車基礎建設的資本需求：「具體來說，你們的資本需求會落在哪個範圍？」

不知道為什麼，馬斯克覺得這個問題很蠢。他回應：「抱歉，下一題。無聊又愚蠢的問題，一點也不酷。下一位？」

接下來，加拿大皇家銀行資本市場（RBC Capital Markets）的分析師問了下一個問題：「我只是想知道，您是否能給我們一些指標，說明最近的消息對 Model 3 預訂造成了多大的影響？」

不知為何，馬斯克也討厭這個問題。

他說：「我們要轉去 YouTube 了。抱歉，這些問題太無聊，快把我逼瘋了。」

最後，另一位分析師問了馬斯克第三個問題，這次的問題關乎特斯拉的競爭地位：「我只是想知道，為什麼你們的充電基礎建設不是一種護城河？身為長期投資人，我覺得你們打造的充電網路，其他品牌需要花上好幾年和數百萬美元才能複製。」

這時馬斯克抓狂了。他開始大肆抨擊「競爭優勢」這個概念，認為那根本是個「遜斃了」的想法，他說：

首先，我認為（競爭優勢）這種說法很遜。有點老掉牙，有點懷舊。如果你唯一防禦敵軍的手段是一條護城河，那你撐不了多久。真正重要的是創新的速度。這一點在亞馬遜和沃爾瑪身上早就一目瞭然，因為沃爾瑪的創新速度幾乎為零，而亞馬遜的創新速度非常快。最終結果早在很久以前就已經註定了。

馬斯克說得很有道理。

對一間公司來說，創新的速度比它是否有競爭優勢更重要。

我們都在高中時學過這個數學方程式：$Y = mx + b$。b是當x為零時的y值，而m代表線的斜率。當x趨近於無限大時，斜率值最高的那個方程式，其y值也會最高。

假設方程式一是：$y = 1x + 1{,}000{,}000$。

而方程式二是：$y = 10x + 0$。

當x等於零時，方程式一的值明顯更高（方程式一為一百萬，方程式二為零）。

但最終，方程式二會超越方程式一，因為它的y值上升得更快，斜率比較大（具體來說，當 x 等於 111,112 的時候就會發生這種情況）。

方程式二剛開始落後，但因為它的增幅比較大，最終會趕上來。

對公司來說也是一樣：一間今天看似落後的公司，只要創新速度快於對手，最終也能迎頭趕上。

這正是沃爾瑪和亞馬遜發生的情況。亞馬遜有很長一段時間都落後沃爾瑪，但最終還是能趕上，因為它持續維持較高的創新速度。

某種程度上，一間公司的競爭力到底有多強並不是最重要的，更重要的，是創新的速度。正如威爾許說過：「唯一可持續的競爭優勢，就是比你的競爭對手學得更快，並能把學到的東西付諸行動。」

唯一的競爭優勢，就是比你的對手學得更快，而且比對方更快採取行動。

要判斷一間公司是否比競爭對手創新得更快，其實有一個簡單的方法，就是觀察這間公司過去面對競爭壓力時的方式。

請研究那間公司自成立以來，有哪幾年因面對來自對手的創新而受到衝擊。舉例來說，假如你正考慮投資沃爾瑪，就要找出亞馬遜開始對沃爾瑪構成威脅的那些年。然後問自己：「沃爾瑪是如何回應的？它有沒有自行開發出新的創新？還是根本跟不上對手的腳步？」

許多價值型投資人對持有 Meta 的股票感到不安。他們認為，很難預測 Meta 是否能在很長一段時間內，繼續維持社群媒體領域的龍頭，因為科技產業每隔幾年就會出現變化。

但事實是，我對投資組合中持有 Meta 一直感到很放心，因為到目前為止，它的創新速度都比競爭對手快。

因此，雖然不是不可能，但它敗給競爭對手的機率並不高。

掌握這檔股策略包含四個明確的步驟：只要你買進對的公司……用對的價格……把

上漲潛力放到最大……還有管理風險，你就能在股市中致富。本章介紹了一種找到「對的公司」的方法。在下一章，我們將介紹另一種方法。

投資沒有競爭對手的公司。

致富思維轉變

舊觀點

1. 大公司就是安全公司。
2. 投資好公司。
3. 深入研究、審慎調查對每一項投資決策。
4. 投資有競爭優勢的公司。

新觀點

1. 大公司其實是高風險公司。
2. 投資好到沒有競爭對手的公司。
3. 在十五分鐘內做出投資決策。
4. 投資除了有明顯競爭優勢，還能持續創新的公司。

#原則2　產業很重要

只要你選對產業，就算選錯股票也還是可能賺大錢。

第四章

在不對的產業中，你無法打敗大盤的原因

一九四六年，華特・施洛斯（Walter Schloss）剛從戰爭中歸來。不同於數以百萬計在戰場上喪生的同袍，他有過上正常生活的機會，而他的夢想，是在華爾街成為一名選股專家。

但對許多人來說，那個夢想似乎遙不可及。

首先，他沒有大學學歷。此外，他也沒有進入這個產業的人脈。正如某人所說，他「沒有任何人脈，華爾街幾乎沒有人知道他是誰」。

在這樣的情況下，大多數人可能早就放棄了。但他做了一件不同尋常的事。他參加了葛拉漢開設的一門課，課程宣揚一個簡單的投資策略：買進低於清算價值的股票。換句話說，就是當一間公司帳上有兩億美元現金，而市值卻只有一億美元時，就買下它。這個方法就是用半價買股票。

當施洛斯執行這項策略時，他的表現非常出色。他建立了一個由超過一百間公司組成的投資組合，這幾檔股票的價格都只有實際價值的一半。從一九五六年到一九八四年，他的投資基金創下了二一・三％的年均報酬率，使他成為與巴菲特同一等級的超級投資人。

你可能會認為施洛斯是一位投資天才。他一定擁有某種特殊、獨特的投資能力，使他能夠成功。但事實並非如此。

在葛拉漢的課堂上，有一整群人都和施洛斯一樣成功。以下是幾個例子：

- 湯姆・納普（Tom Knapp），特威迪布朗（Tweedy, Browne）創辦人，從一九六八年到一九八三年的年均報酬率為二〇%。
- 比爾・魯安（Bill Ruane），紅杉基金（Sequoia Fund）創辦人，從一九七〇年到一九八四年的年均報酬率為一八・二%。
- 華倫・巴菲特，巴菲特合夥事業有限公司（Buffett Partnerships）創辦人，從一九五七年到一九六九年的年均報酬率為二三・八%。

這些人都不是天才。

只是當你學會了正確的策略之後，選股就變得比較簡單了。畢竟，如果你有一套可以反覆執行、打敗大盤的公式，那麼年復一年地應用它來賺錢，其實並不困難。

只要有正確的策略，在一九五〇年代要投資成功並不困難。

接著我們來比較金融產業與鋼鐵產業。

一九五〇年代，在哥倫比亞大學，有一位非常聰明的ＭＢＡ學生。他是幾個校內主要社團的會長，在學生之間被稱為「Ａ型工作狂」。大家都預期他畢業後絕對會事業有成。但他犯了一個嚴重的錯誤。

他畢業後去經營一間鋼鐵廠。這份工作既危險、骯髒又困難，因為原物料價格波動，獲利極不穩定。更糟的是，幾乎不可能找到一個致勝的策略，來擊敗其他鋼鐵廠。因此，他在鋼鐵業從來沒有獲得成功。

即使是最優秀、最聰明的人，在這個產業仍會失敗，因為這個產業的條件太艱困了。相比之下，只要在金融業掌握了正確的策略，即使是沒有大學學歷的人也能致富。

因此，有時候成功與否，關鍵在於你是否處於一個容易成功的產業。

任何人都可以在股市中賺錢。

對公司來說也一樣。如果你想靠股市致富，那你需要從能讓你賺錢的產業開始。

假設現在是二〇〇四年。你正考慮投資美國四大航空公司：西南航空（Southwest）、聯合航空（United）、美國航空（American）和達美航空（Delta）。你要怎麼決定該投資哪一間航空公司？

也許你會挑選可能實現大量銷售成長的公司。如果是這樣，你可能會押寶達美航空，因為它的銷售額將會成長三倍。

又也許，你會挑選具有最強競爭優勢的公司。如果是這樣，你可能會選擇西南航空，因為它以低成本優勢著稱。

又或者，你會挑選這段期間結束時，毛利率最高的公司。如果是這樣，你可能會押寶聯合航空，它的毛利率將達到三四％。

甚至，你可能會選擇四間公司都投資，以分散風險。有何不可？你手上有這些公司未來十五年的財務報表，所以你知道它們的銷售量至少都會成長兩倍甚至三倍。

但是問題來了。

其實，投資其中任何一間航空公司都不是明智之舉。

如果你在二〇〇四年到二〇一九年這十五年間，投資任何一間主要航空公司，你的報酬都會落後大盤。美國航空的漲幅只有二三%，而同期標普五百指數的漲幅是一八九%。達美航空與聯合航空的表現，分別比標普五百指數落後了一六%與三四%。唯一打敗大盤的是西南航空，但每年的超額報酬也只有幾個百分點（見左頁表1）。

此外，根據多項研究顯示，美國數百間航空公司中，幾乎每一間自成立以來的表現都很糟糕。

接著，我們再來比較航空業與信用卡業。

我不久前曾研究過幾間主要的信用卡公司：美國運通（American Express）、發現金融服務（Discover Financial Services）和威士（Visa）。一開始我直覺認為，投資這

表 1　美國四大航空 2004-2019 年間的財務表現

達美航空				
	2004 年	2009 年	2014 年	2019 年
營收（10 億美元）	14.20	24.50	35.80	43.0
毛利率	9.3%	16.3%	26.1%	28.1%
淨利（10 億美元）	（5.1）	（1.2）	0.7	4.7

美國航空				
	2004 年	2009 年	2014 年	2019 年
營收（10 億美元）	18.60	17.60	37.90	42.80
毛利率	24.9%	19.7%	37.90%	42.8%
淨利（10 億美元）	0.8	0.1	2.8	1.6

西南航空				
	2004 年	2009 年	2014 年	2019 年
營收（10 億美元）	6.30	10.00	17.80	20.90
毛利率	29%	24.2%	29.7%	31.3%
淨利（10 億美元）	0.2	0.1	1.1	2.3

聯合航空				
	2004 年	2009 年	2014 年	2019 年
營收（10 億美元）	16.30	16.30	38.90	43.20
毛利率	9.8%	26.7%	28.3%	34.2%
淨利（10 億美元）	（1.7）	（0.1）	1.1	3.0

些信用卡公司沒有道理。

畢竟，它們全都沒有明顯的優勢。沒有人會說：「美國運通比發現金融服務好多了。」也沒有人會說：「威士的手續費比萬事達卡（Mastercard）低很多。」如果這些信用卡公司彼此之間沒有競爭優勢，那怎麼可能值得投資呢？我當時這樣問自己。

但是我的結論與事實完全相反。

事實上，幾乎每一間信用卡公司的表現一直都很良好。其實，其中有許多間公司，甚至是過去幾十年來表現最好的投資標的之一。

如果你在金融危機結束時買進威士和萬事達卡，你的投資報酬每年分別超越標普五百指數九%和七%。

如果你在一九九〇年代，巴菲特買進美國運通的同時跟著他投資，那麼到現在為止，你的資產將成長超過三十倍。

就算你在二〇〇八年股價暴跌七〇%之前，就買進發現金融服務，你最後還是會打敗大盤。

透過航空業與信用卡業之間的對比，揭示了一個重要的教訓：產業很重要。

就算你對一間公司的判斷正確，但如果你對整個產業的判斷錯誤（例如航空業），你仍然會賠錢。但就算你對某間公司的判斷錯誤，只是剛好選對了產業，結果還是賺了一大筆（例如信用卡產業）。

曾經有一項研究調查超過三千間公司的表現，想藉此了解到底是什麼因素驅動一間公司的獲利能力。是因為執行長聰明嗎？還是公司文化造就了成功？還是其他原因？最後研究人員發現，產業的影響比任何其他因素都還要大。

事實上，研究指出，普通的軟體公司的表現都比頂尖的營造公司還要來得好，因為軟體產業本身就極具吸引力。研究的結論是：「身為優秀的產業中一間普通的公司，會比在一個糟糕產業中卓越的公司還要來得更好。」

如果有人找到一種投資工具，能保證每年比標普五百多賺二％，他們一定會興奮不已、爭相投資。

但選對產業，每年報酬差距可能高達一七％（如果你過去十年投資於主要航空公司，你每年平均會虧損二・九％；相較之下，如果你投資於主要的信用卡公司，每年可賺進一四・一％。這就是每年高達一七％的差異。每、一、年）。

人們只要看到某支共同基金的績效每年能提高二％，就會很興奮。但是當說到選對產業能帶來每年一七％的報酬率時，卻沒有人會興奮。

這根本說不通。

不要當一般的投資人。要當個與眾不同、更聰明、更優秀的投資人。首先，確保你選對了產業。第二步才是去尋找該產業中的理想公司。順序不能反過來。還沒問自己「這間公司所處的產業本身有吸引力嗎？」之前，永遠不要先開始研究某間公司。

在一個優秀產業中的普通公司，勝過一個糟糕產業中卓越的公司。

在本書的導言中我提過，有人會說本書是是自一九四九年《智慧型投資人》出版以來，最具顛覆性的投資書籍。其中一個原因，就是這本書是少數提到「選對產業」重要性的書籍。

要選出一個能讓你大幅打敗大盤的產業，我們可以遵循以下四大原則：

1. 不要把快速成長的產業誤認為有吸引力的產業。
2. 研究該產業的經濟利潤水準。
3. 投注於有許多贏家的產業。
4. 找出能讓產業龍頭自然擁有競爭優勢的產業動態。

1. 不要把快速成長的產業誤認為有吸引力的產業

亨利・福特（Henry Ford）在一八九六年打造出第一輛汽車，並且「開上底特律的街頭」。那是那個世紀最偉大的發明之一。

儘管當時馬匹是主要的交通工具，人們立刻了解到汽車將徹底改變未來的交通方式。這個產業迅速成長。投資人預測它在十年內將成長二十倍。底特律成為一九〇〇年代的矽谷。亨利・福特的福特T型車，售價只有四百九十五美元，使一般大眾也負擔得起。很快地，數百萬消費者開始購買汽車，淘汰了馬匹。

時間快轉一百年後。

這個產業依然持續成長。現在汽車業的總值高達數千億美元，幾乎每個人家裡都有一輛汽車。

過去這一百年來投資汽車產業，應該是個好主意吧？怎麼可能不是？畢竟產業一直在蓬勃發展！

其實，以投資來說，這是一個非常糟糕的產業。

在過去一百年來，美國曾經有過三千間汽車公司，但只有兩間（特斯拉和福特）沒倒閉過。就算你投資的是市場的龍頭，表現也不會太好。根據管理諮詢公司麥肯錫（McKinsey & Company）的一項研究，「三大」汽車製造商在一九八七年至二〇〇二年間的表現，普遍落後標普五百指數。

汽車產業是個快速成長的產業，但絕對不是一個吸引人的產業。

我們可以從香菸產業的例子來看到這個觀念的另一面。

現在的吸菸率年年下降。抽菸已不再被視為「酷小子才會做的事」。全國各地的學校幾十年來都在推廣反菸教育。此外，由於香菸對健康的負面影響早已廣為人知，已經有越來越少人繼續抽菸。

因此，你可能會認為投資菸草產業是個蠢主意。「誰會想投資一個正在衰退的產業？沒有人想擁有一間像打字機一樣即將被淘汰的公司。」

但事實是：從純粹的財務角度來看，菸草也許（仍然）是最值得投資的產業之一，因為它實在太容易賺錢了。

以萬寶路（Marlboro）為例，根據某個資料來源，他們製造一包香菸的成本是〇．二六美元，但這包香菸可以以高達十美元的價格售出。這獲利率高得驚人！每花〇．二六美元製造一包香菸，就能賺進十美元的營收！這根本是部印鈔機！

因此，根據多項關於產業獲利能力的研究，菸草產業被列為美國前五大最賺錢的產業之一。菸草業所創造的經濟獲利比美國幾乎所有其他產業還要高，包括媒體、食品與化學產業。

菸草產業當然不是個正在蓬勃發展的產業。

但絕對是個吸引人投資的產業[2]。

產業不需要蓬勃成長，也可能是個極具吸引力的投資標的。即使是衰退中的產業，也可能非常賺錢。

人們熱愛蓬勃發展的產業。他們蜂擁而至投資AI、電動車、植物肉。雖然這些產業的確可能改變世界，但不表示能讓你的財務狀況也變得更好。

在投資決策時，請明智地區分你對「下一個大趨勢」的興奮感與實際的好投資判斷。**歷史不斷告訴我們，一個產業之所以具有吸引力，不只是因為它正處於爆發期。「爆發中」（booming）和「有吸引力」（attractive）是兩個在挑選產業時，應該區分開來的概念。**一個產業可以正在爆發卻不具吸引力，也可能不爆發卻具吸引力。

億萬富豪艾克曼曾經寫電子郵件給我，他很想看看我的其中一本書。我那本較早期的書《巴菲特的兩步驟股市策略》，是我在高中時期寫成的，他對這件事感到非常佩服。他從沒見過有人在那個年紀做出這樣的事。雖然我當時還很年輕，但他相信我有潛力能夠成功，而我也證明了他對我的信任是正確的。沒有其他投資書籍會告訴你，該如何區分「爆發中」與「有吸引力」的產業。

2. 研究產業的經濟利潤水準，這是衡量產業吸引力最關鍵的指標

你想知道衡量一個產業是否具有吸引力的最佳指標嗎？並不是一個產業成長多快，也不是產業的平均獲利率。正確的衡量指標是它創造了多少經濟利潤（economic profits）。

我們現在已經知道，航空業是美國最沒有吸引力的產業之一。從一九八〇年至今，

2 在投資時，道德永遠是很重要的考量。出於道德理由，我個人不贊成投資菸草公司。但是如果撇開道德問題不談，從純粹財務的角度來看，這確實是最賺錢的產業之一。

超過九〇％的航空公司都已申請破產。且在過去十五年內，幾乎每一間主要航空公司的表現都落後標普五百。

但有趣的是，若從財務指標的角度來看，這個產業的表現其實還算不錯：

- 獲利率尚可，疫情前的淨利率為四．九％。這與美國最賺錢的產業之一——軟性飲料產業——的淨利率相當。
- 產生穩定的銷售成長。幾乎所有主要航空公司的銷售額，在過去十五年內都成長兩倍到三倍。
- 航空業也產生了穩健的獲利成長。過去十年內，有幾家主要航空公司的盈餘成長達兩位數甚至三位數。

這就引出了一個有趣的問題：若在這麼多關鍵財務指標上表現都良好，投資人要如何得出這個產業「沒有吸引力」的結論？

因為這個產業完全沒達到某個指標。而這是個極其重要的指標：那就是「經濟利潤」。這個產業每年都在產生數十億美元的經濟虧損。

因此，經濟利潤幾乎是唯一能告訴你「航空業沒有吸引力」的指標。

事實上，經濟利潤是唯一能持續告訴你哪些產業具有吸引力、哪些沒有吸引力的財務指標。不是獲利率，不是產業成長，只有一個指標——經濟利潤。

經濟利潤代表一個產業創造了多少價值。舉例來說，一個產業如果產生了四十億美元的經濟利潤，就等於為社會創造了四十億美元的價值。反過來說，一個產業如果產生了一億美元的經濟虧損，那就等於摧毀了一億美元的社會價值。

這個指標之所以能成為衡量產業吸引力的最佳工具，是因為它與股價表現有直接的關聯。

麥肯錫資深顧問提姆．科勒（Tim Koller），多年前曾針對兩千多間上市公司進行研究。他發現，經濟利潤是預測股價表現的最重要因素。事實上，若是將經濟利潤成長與營收成長結合起來，對股價表現的預測能力幾乎是單靠每股盈餘（EPS）的兩倍。

這很有趣，因為大家總是關注盈餘，卻沒有人在意經濟利潤。

有兩種方法可以判斷一個產業是否創造了高額經濟利潤。

第一種方法是閱讀關於經濟利潤的研究報告。如果你上網搜尋「各產業的經濟利潤」（economic profit by industry），你會找到許多研究，可以告訴你各產業的經濟利潤高低。

舉例來說，左頁表2是一項研究中的經濟利潤計算結果。我們可以看到，軟體、菸草與科技硬體公司是創造最多經濟利潤的產業。相較之下，電力事業、建材業以及石油與天然氣等產業則造成經濟虧損。

第二種方法是計算該產業的平均投入資本報酬率（Return on Invested Capital，簡稱ROIC）。

我們不談太技術性的內容，光是從數學的角度來說，ROIC是經濟利潤最重要的驅動因素。如果一個產業的投資資本報酬率高，它的經濟利潤也會高。

舉例來說，菸草業與信用卡業就是兩個被認為能創造大量經濟利潤的產業。這兩個

表 2　美國不同產業的經濟利潤

產業	每間公司的平均經濟利潤（百萬美元）
電力公用事業	-500
營建材料業	-315
礦業	-199
石油天然氣	-100
道路與鐵路	-60
金屬與採礦	-38
天然氣公用事業	50
化學	161
食品	161
汽車零件	238
媒體	300
航太與國防	438
多元電信	475
網路軟體與服務	523
無線電信	900
菸草	1284
科技硬體	1361
軟體	2435

產業的資本報酬率分別高達七六%（菸草）和三〇%（信用卡）。相對來說，像航空與汽車這類低經濟利潤的產業，其資本報酬率通常也很低。航空業的資本報酬率為五．七%，汽車業則為六%。

花一點時間上網搜尋：「【產業名稱】的ROIC」。如果該產業的ROIC高於一二%到一五%，那很可能是值得投資的產業。

為了方便快速研究，我已在下頁表3中列出各產業的資本報酬率。專注於投資那些投入資本報酬率較高的產業中的公司，這是進入一個擁有強勁經濟利潤產業最簡單的方式。

3. 押寶於擁有許多成功者的產業

你會注意到，所有具有吸引力的產業都有許多成功的案例。

菸草產業有許多成功的故事：奧馳亞集團（Altria，萬寶路的母公司）、雷諾菸草（R. J. Reynolds Tobacco Company，新港〔Newport〕的母公司）以及日本菸草株式會

表 3　美國各產業的資本報酬率

產業	資本報酬率
廣告	31.52%
航太國防	16.17%
空運	10.92%
服飾	15.29%
汽車與貨車	5.19%
汽車零件	10.16%
銀行（貨幣中心）	0.02%
銀行（地區性）	-0.05%
飲料（酒精）	16.67%
飲料（軟性）	30.65%
廣播	12.06%
券商與投資銀行	0.13%
營建材料	25.27%
商業與消費性服務	27.45%
有線電視	11.31%
化學（基本）	11.81%
化學（多元）	1.57%
化學（專業）	13.51%
煤炭與相關能源	29.50%

產業	資本報酬率
電腦服務	24.17%
電腦／周邊	37.80%
營建補給	20.16%
多元化產業	20.40%
藥品（生技業）	1.56%
藥品（製藥業）	13.38%
教育	5.93%
電力設備	13.27%
電子產品（消費性與辦公室）	0.95%
電子產品（一般）	15.11%
工程／營建	12.58%
娛樂	7.56%
環境與廢棄物服務	29.94%
耕作／農業	17.93%
金融服務（非銀行與保險）	0.88%
食品加工	17.23%
食品批發	14.96%
居家修繕	10.31%
綠能與可再生能源	4.15%
醫療產品	13.08%

產業	資本報酬率
醫療產品支援服務	45.74%
醫療資訊與科技	14.28%
住宅營造	20.91%
醫院／醫療設施	20.16%
飯店／博奕	9.99%
家用產品	31.17%
資訊服務	22.74%
保險（一般）	15.65%
保險（壽險）	0.11%
保險（產物）	11.12%
投資與資產管理	6.16%
機械	24.91%
金屬與採礦	24.03%
辦公設備與服務	12.93%
石油／天然氣（整合）	17.04%
石油／天然氣（生產與探勘）	29.41%
石油／天然氣配送	20.60%
油田服務／設備	28.02%
包裝與容器	14.21%
紙／森林產品	18.90%

產業	資本報酬率
電力	5.78%
貴金屬	4.69%
出版與報業	13.86%
不動產投資信託	2.98%
不動產（開發）	2.93%
不動產（一般／多元）	5.31%
不動產（營運與服務）	0.07%
娛樂	9.54%
再保險	30.12%
餐飲	19.56%
零售（汽車）	13.20%
零售（建築補給）	39.43%
零售（配送）	18.61%
零售（一般）	9.89%
零售（雜貨與食品）	10.99%
零售（REITs）	4.46%
零售（特殊品項）	13.50%
橡膠與輪胎	3.12%
半導體	11.37%
半導體設備	25.68%

產業	資本報酬率
造船與海洋	9.24%
鞋業	24.04%
軟體（娛樂）	19.94%
軟體（網路）	-0.48%
軟體（系統與應用程式）	23.22%
鋼鐵	22.18%
電信（無線）	6.55%
電信設備	28.18%
電信服務	11.80%
菸草	80.36%
運輸	15.48%
運輸（鐵路）	14.26%
貨運	12.75%
公用事業（一般）	6.47%
公用事業（水）	6.80%
整體市場	8.41%
整體市場（不含金融業）	14.67%

資料來源：NYU Stern School of Business

社（在美國以外擁有駱駝牌香菸〔Camel〕的公司）。

信用卡產業也有許多成功案例：威士、萬事達卡和美國運通都處於極具競爭優勢的地位，沒有任何人能輕易地從彼此手中奪走客戶。

軟性飲料產業同樣有許多成功故事：可口可樂、百事和胡椒博士（Dr Pepper）都存續超過一百年，而一般企業的壽命僅接近三十年。

相較之下，所有不具吸引力的產業都有許多失敗的故事。

鋼鐵業充滿了失敗的故事。過去十年來，頂多只有一、兩個值得注意的成功案例，其餘幾乎所有主要鋼鐵公司都慘不忍睹。

航空產業簡直是失敗的代名詞，在過去幾十年間，絕大多數航空公司都破產了。

公用事業產業沒有任何一個成功案例。你是否曾聽過哪一間公用事業公司顛覆了整個產業？

我想應該沒有。

所以，一個產業裡成功公司的數量，與其吸引力之間有直接的關聯。因此，投資於擁有眾多贏家的產業是合理的選擇。

不要只用獲利率來評斷一個產業，
要看這個產業有多少間成功的公司。

假設你想判斷零售業是否有吸引力，那麼，你應該自問：「這個產業裡有很多成功的零售商嗎？還是大多數零售商都面臨失敗？」

幾分鐘內你就會發現，很多大型零售商因為亞馬遜的出現而破產，包括居家消費品公司 Bed Bath & Beyond、玩具反斗城（Toys "R" Us）和服飾業 JCPenney。因此，這並不是一個有吸引力的產業。

有時候人們會問我：「你覺得我該出書嗎？」我的回答總是「不」。有一本《哈利波特》（*Harry Potter*）或《人性的弱點》（*How to Win Friends and Influence People*）這樣的暢銷書，就有數千本賣不出去的滯銷書。

這個產業有太多失敗者，成功者卻寥寥可數。

在投資股市時，不要逆流而行。你應該投資於一個就算你不是天才、也能成功的產業。不要進入像出版業那樣的產業，就算很聰明的人也不一定能成功。

問問你自己：「這個產業裡是否充滿了失敗的公司？」

再問你自己：「這個產業是否有很多強大的贏家？」

然後做出明智的選擇。

我在大學的時候曾說：「我保證有一天會寫出自《智慧型投資人》以來最棒的投資書。」我相信我已經實現了這個目標。

怎麼說呢？因為沒有任何一本投資書談到「選擇擁有眾多成功者的產業」這個重要性——連《智慧型投資人》都沒有提到。

4. 找出能讓產業龍頭自然擁有競爭優勢的產業動態

對一般投資人來說，保險業看起來並不具有吸引力。

這個產業有數百個競爭者，保險業的產品是個商品，它的經濟利潤也是所有產業中最低的之一。邏輯上來說，結論應該是不要投資保險產業。

但有趣的地方來了：保險業一直是巴菲特最喜愛的產業之一。他擁有好幾間保險公司，如蓋科（GEICO）和國家賠償公司（National Indemnity），並說：「保險是波克夏最重要的業務。」

但是，為什麼巴菲特會選擇投資在所有衡量標準下，都看起來不具吸引力的產業？

答案是，如果你剛好是保險產業中最大的公司，那你就會比其他保險公司擁有更大的規模經濟與更低的成本結構。在唯一能脫穎而出的方式就是提供更低價格的產業裡，這是一個巨大的競爭優勢。正如巴菲特所說：

「保險業受到一組令人沮喪的經濟特性詛咒，導致長期展望不佳：競爭者眾多、進入門檻低，且產品缺乏明確的差異性。」

在這種商品化的產業裡，只有成本極低的經營者，或是在某個受到保護而且通常是小型利基市場中經營的公司，才能長期維持高獲利。

這也說明了選擇正確產業的另一個課題：有時候，即使某個產業沒有吸引力，但只要產業動態讓領導者自然擁有競爭優勢，那麼投資該產業仍是合理的選擇。

蒙格以前不喜歡鐵路產業，因為它的獲利能力很低（畢竟火車的造價昂貴）。但他最後還是決定投資這個產業，因為鐵路業龍頭本身擁有競爭優勢：

「我跟華倫一輩子都討厭鐵路產業，那是一個資本密集、工會勢力強大，還有很多無謂的工作規則、又受到嚴格監管的產業……鐵路一直以來都是個糟糕的生意，對投資人來說也是惡夢一場。我們最後才了解到，相對於某些類型的大宗貨運業務，現在的鐵路業擁有巨大的競爭優勢……優於卡車運輸。」

我們要了解產業的內在動態。

問問你自己：「這個產業的龍頭是否傾向於擁有競爭優勢？」

在航空業，沒有任何一個市場龍頭擁有真正的競爭優勢。他們為了每一位顧客拚得你死我活。相對地，每一間信用卡公司都擁有競爭優勢。你能想出一個方法擊敗威士、萬事達卡或美國運通嗎？答案是：你沒辦法。

所以，當市場龍頭擁有天然競爭優勢時，請特別留意這種情況，這將對你的銀行帳戶大有幫助。

「掌握這檔股」策略包含四個明確步驟：只要你買進對的公司……用對的價格……把上漲潛力放到最大……還有管理風險，你就能在股市中致富。在本書的下一節，我們將進入第二步：判斷一間公司是否以合理價格交易。

首先挑選對的產業，然後才挑選對的公司。順序不能倒過來。

\ 致富思維轉變 /

舊觀點

1. 公司比產業更重要。
2. 投資於正處於爆發期的產業。
3. 投資於擁有高獲利率與高銷售量的產業。
4. 避開沒有吸引力的產業。

新觀點

1. 產業比公司更重要。
2. 投資於具有吸引力的產業。
3. 投資於能創造經濟利潤的產業。
4. 只有在市場領導者擁有天然競爭優勢時，才考慮投資沒有吸引力的產業。

第二部

用對的價格……

#原則3 現金流很重要

今天放棄現金的唯一理由，就是明天會得到更多現金。

第五章

絕對不要因為一支股票會上漲就買進

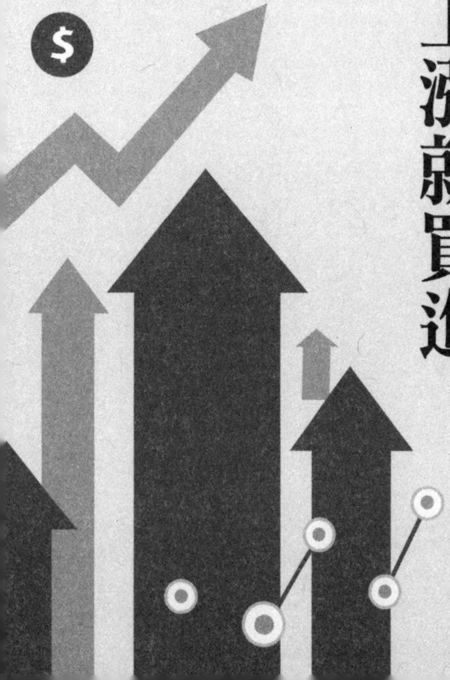

接下來我要說一個二〇一〇年代最精彩的逆貧致富故事。

有一個孩子在不理想的環境中成長。父親在他十歲時過世。當他在社區大學就讀時，販毒給他的人用手槍敲他的額頭，造成他頭骨骨折，他的醫療帳單高達數千美元。最後，母親也因為他的毒癮把他趕出家門。

他慢慢地重建自己的人生。

他進了戒毒所。

他找到了一份工作。

他和一位美麗的演員結婚。

最後他終於有了足夠的錢開始投資房地產。

但他憑什麼能在房地產業成功？他大學沒有學過房地產投資，也沒有人指導他，他在房地產業毫無經驗。他既沒有多少資金，也不知道該怎麼和銀行談貸款條件。

不過，他始終遵循同一套決策公式，來判斷潛在的投資是否夠便宜。他不會問自己：「這筆投資未來會升值嗎？」而是問：「相對於買進的價格，這筆投資能產生大量的現金流嗎？」

他對每一筆房地產投資都採用這種方式。

他會看著一棟房產，問自己：「相對於買進的價格，這筆投資能產生大量的現金流嗎？」

他會看著第二棟房子，問自己：「相對於買進的價格，這筆投資能產生大量的現金流嗎？」

他會看著第三棟房子，問自己：「相對於買進的價格，這筆投資能產生大量的現金流嗎？」

每當他找到一棟能產生大量現金流的房子，他就會買下來並長期持有。

透過十多年如一日地實踐這套方法，他建立的投資公司管理超過四十億美元的資產。現在的葛蘭特．卡爾登（Grant Cardone）是一位房地產名人，在 Instagram 上有超過四百七十萬名追隨者。而最重要的是，母親重新接納了他。

卡爾登的故事揭示了一個重要的投資教訓：與其依據價格上漲來做投資決策，不如根據現金流來判斷。正如卡爾登所說：「我從不為價格上漲而投資……我做的一切都是為了現金流。」

你是否曾聽人談過「炒房」？意思是買下一筆房地產，然後以更高價格轉手賣出。一般而言，這種做法被認為是投機，因為你永遠不知道明天市場會發生什麼事。

利率可能會上升。

想擁有房地產的人可能會變少。

另一座城鎮可能變得比較受歡迎。

事實上，這正是知名財經專家戴夫·藍西（Dave Ramsey）在一九八八年破產的原因。他當時正用低價買進房地產，然後再高價轉售。

儘管他的投機操作一開始帶來了獲利，但是有一天，他的房產沒有升值，導致他還不出債務，最後只好申請破產。

相反的，真正的房地產投資是為了租金收入或現金流而買進房產。目標是買進那些能產生高租金收入、相對於買進價格非常划算的房產。這就是卡爾登成功的方式。他買下那些能產生大量現金流的房產。

結果證明，在金融市場中成功的方法是靠投資，不是靠炒股。

你無法預測明天某支股票會上漲還是下跌：利率可能會上升、某個顛覆性技術可能問世、銀行體系可能崩潰、一場大流行病可能發生、經濟可能陷入衰退、通膨可能導致成本飆升、恐怖攻擊也可能發生。

所以，你不該因為認為某一檔股票價格會上漲而買進。這麼做是投機。你應該做的是像買房地產一樣，因為現金流而買股票。

事實上，現實中的財務決策並不是在問：「這個東西或那個東西能不能以更高的價格賣掉？」而是應該問自己：「這項資產能帶來大量的現金流嗎？」

當學生決定攻讀某個學位時，他們不會關心財經學位或會計學位能不能再度高價賣出。他們關心的是哪個學位能幫他們賺最多錢。

當一位麥當勞加盟主開設新的店面時，他最在意的不是未來能不能把這間店賣給其他加盟主，而是他的餐廳能賺多少獲利。

但有趣的是：似乎沒有人把這種聰明又簡單的方式用於股市中，但我們在許多財務決策中都會運用這種方式，不論是上大學還是買房子。人們一進入股市，他們的思考模式就完全被價格上漲占據了。

人們買輝達（NVIDIA）的股票，因為他們覺得價格會上漲。

人們買特斯拉的股票，因為他們覺得價格會上漲。

人們買亞馬遜的股票，因為他們覺得價格會上漲。

人們會說：「我應該在蘋果股價處於五十二週低點時投資，因為從這裡開始價格最有可能上漲。」或是他們會說：「我不應該投資亞馬遜，因為它正在五十二週高點，價格不太可能繼續上漲。」

這叫做投機，不是投資。

改變你的做法吧。不要問自己：「○○公司的股價會長期上漲嗎？」而是要專注於獲利。你要問自己：「買這間公司需要多少錢？相較於買進價，這間公司能賺到多少利潤？」這才是所有成功投資人的做法。

不要因為某支股票的價格會上漲而買進。要為了現金流買股票。

賽斯・克拉曼是包普斯特財務管理集團（Baupost Group）的創辦人，三十多年來每年的報酬率達二〇%。

克拉曼認為，根據一位投資人是否能以更高價格將公司轉賣給其他人，來決定自己是否要買進公司，這是投機行為。但如果投資人是根據公司能夠賺多少獲利或現金流，來決定是否要買進，那麼這就被視為投資：

「我的底線是，如果一項資產具有現金流，或是在短期內有產生現金流的可能性，且其價值並非完全取決於未來買方可能支付的價格，那麼這就是一項投資。如果一項資產的價值完全取決於未來買方可能支付的金額，那麼買進它就是一種投機行為。」

這不只是克拉曼的一句名言，而是他每天在股市中實踐的投資方式。

在新冠肺炎疫情引發市場崩盤時，克拉曼正在研究字母公司（Alphabet，谷歌母公司）的股票。

根據其股價表現，這支股票看起來並沒有特別便宜。這支股票只下跌了二五％，相較之下，大盤跌了三〇％，航空業甚至暴跌了六〇％，所以明顯有比字母公司更便宜的股票。

但他專注於獲利，而非價格。

他不是問自己：「這支股票的價格會反彈嗎？」而是問：「字母公司所賺取的獲利，是否遠高於我投資這間公司所支付的價格？」

他得到的答案是肯定的，於是他對這間公司做了重大投資。

而結果非常成功。

在接下來的幾年，字母公司從新冠疫情低點上漲了超過二〇〇％，而且表現超過標普五百指數超過八〇％。它甚至打敗航空業，許多投資人當時認為航空業在疫情崩盤時被低估了。

但是你要如何知道一間公司的利潤，是否值得它的買進價格？你又如何知道一間公司到底賺了多少錢？又該如何衡量一間企業的買進價格？

一間公司相對於其買進價，是否能產生大量現金流，首先，使用一個叫做「市值」的指標來查詢這間公司的價格。

第二，估算公司會賺多少獲利，以「自由現金流」來衡量。

第三，問自己：「這間公司相對於它的市值，是否能賺很多自由現金流？」

1. 使用一個叫做「市值」的指標，來查詢這間公司的價格

市值是一個財務指標，代表一間公司的買進價格。

它的計算公式是：股價×在外流通股數。

舉例來說，假設一間公司的在外流通股數是一億股，而目前的股價是十美元。這表示，要買下整間公司或全部股票，需要支付十億美元。所以它的市值就是十億美元。

想像一下，有人來到你家門前說：「我打算結束我的小生意。你願意用三十萬美元買下它嗎？」那這三十萬美元的價格就被視為它的市值。

市值就是「買進價格」的同義詞。如果一位房地產投資人支付兩百三十萬美元買下一處房產，我們就會說這處房產的市值是兩百三十萬美元。

如果大學學費是十二萬美元，我們也可以說這個學位的市值是十二萬美元。

要知道一間公司的市值最簡單的方式，就是在任何交易平臺上查詢它的股票代號。每個交易平臺都會顯示公司的市值（英文為 market capitalization，簡寫為 market cap），通常會出現在股票成交量的附近。

舉例來說，在我寫這段文字時，麥當勞的市值為兩千零八十億美元。這表示，如果要買下整間麥當勞公司，投資人需要支付兩千零八十億美元。

2. 估算公司會賺多少獲利，以「自由現金流」來衡量

內容製作成本可能是網飛最大的支出項目之一。你以為這些成本會在財務報表上被

非常精確地記錄下來。但是網飛在二〇一八年時，並未記錄五十億美元的內容收購費用（因此以人為的方式提高了公司的獲利）。

而且這竟然是合法的！

你可能會大喊：「什麼？！一間公司怎麼能擅自增加五十億美元的獲利？這不是犯法嗎？」

其實，根據一項叫「配合原則」（matching principle）的會計規則，這在技術上並不違法。這項原則規定，支出必須記錄在幫助產生營收的同一年。

舉例來說，假設一間工廠在二〇二四年花費十美元製造一個產品，但是這個產品在二〇二五年才銷售。那麼這個產品在二〇二五年才產生營收，因此公司必須將這筆十美元的支出記錄在二〇二五年，雖然它其實是在二〇二四年支出的。

但是這樣的原則卻使網飛的情況變得複雜。

網飛並不是在內容上架的同一年製作這些內容。它可能在二〇二〇年製作了一部內容，但直到二〇三〇年才在平臺上架。

你猜猜會發生什麼事？

網飛必須將該筆支出分攤在整個期間。

舉例來說，假設網飛花費一億美元製作一部將在平臺上播放十年的節目。那麼它就不能在當年記錄一億美元的支出，而是必須每年分攤記錄一千萬美元的費用，持續十年。所以你就可以看得出來，這會扭曲公司的財務報表。

公司今年實際花了一億美元現金。理論上來說，應該記錄一億美元的支出，但實際上只記下了一千萬美元的支出。結果呢？

利潤被高估了九千萬美元。雖然這間公司實際上花了一億美元的現金，但它今年在損益表上只記錄了一千萬美元的費用。所以當你在閱讀這間公司的財務報表時，等於有九千萬美元的費用被「隱形」了。彷彿這筆費用從來不存在。而當你讓費用「消失」，獲利自然就上升了。

這正是網飛的情況。只不過不是九千萬，而是獲利被高估了接近五十五億美元。

網飛利用一條奇特的會計規則，合法地規避記錄五十五億美元的費用。會計技巧也可以用來耍花招。

所以，這代表什麼？我們不能依賴「盈餘」來判斷一間公司的實際賺錢能力。但我們可以安全且穩定地依賴另一個指標：自由現金流（free cash flow）。

接下來，我要說一個簡短的故事來說明。

世界通訊（WorldCom）是全球最著名的會計詐欺案之一。據鑑識會計師估計，這起詐欺案的金額高達七百九十五億美元，其中包括高估了一百一十億美元的盈餘。這個詐欺行為持續了好幾年，直到公司內部的一位稽核員發現異常。

你可能以為這是某種非常高招的詐欺手段，但是如果你稍微懂一點會計，其實並不難看出世界通訊有問題。

鑑識會計領域的頂尖專家霍爾・薛利（Howard Schilit）出版了一本書，名為《財報詭計》（*Financial Shenanigans*），這是全球探討財務詐欺最權威的書籍之一。

薛利在書中指出，儘管世界通訊的淨利被會計伎倆操弄過，但公司的自由現金流卻沒有被操控。換句話說，儘管公司試圖操弄財報，自由現金流這個衡量獲利能力的指標，仍然可以讓投資人看出這間公司其實沒那麼賺錢。

為什麼自由現金流不受世界通訊詐術的影響？

因為自由現金流是嚴格追蹤公司實際賺到多少現金的指標。公司可以在沒真正賺錢的情況下記錄「盈餘」，但不能在沒實際賺到現金的情況下創造「自由現金流」。

如果你想知道一間公司真正賺了多少錢，就不要看淨利，而是要看現金流。

你可以成為唯一能發現安隆（Enron）和世界通訊詐欺的投資人。怎麼做到？只要忽略盈餘，專注於現金流就可以了。

投資人可以用兩種指標來衡量公司的獲利能力：淨利（net income）和自由現金流

（free cash flow）。

整個華爾街的人都關注淨利（也稱為「盈餘」）。但正如我們所見，即使一間公司公布五十億美元的盈餘，並不代表它真的賺了五十億美元。它可能其實賺了六十億，也可能是虧損二十億。

這就是我們要聚焦於自由現金流的原因。

自由現金流是一種財務指標，設計出來就是為了解決淨利的缺陷，而且不會受到像「配合原則」這種奇怪的會計伎倆影響。

自由現金流可以精準追蹤公司實際賺了多少現金。

只要公司花了錢，就一定會影響自由現金流；只要公司賺了錢，自由現金流就會增加。自由現金流很精確。如果一間公司報告有三十億美元的自由現金流，你就可以很有把握地知道它是真的賺了三十億。

不是三十一億，不是二十九億，就是三十億。

首領資本管理（Chieftain Capital Management）的創辦人格倫・格林柏格（Glenn

Greenberg），目前管理著一個規模達五十億美元的股票投資組合，並經常在哥倫比亞商學院教授布魯斯．格林沃德（Bruce Greenwald）的課堂上，教導價值投資。他曾表示，他之所以選擇用自由現金流而不是盈餘，是因為自由現金流能更準確地反映公司獲利能力：

「我們和現在的其他投資人一樣，比較傾向以現金流而不是以盈餘來評估一間企業的投資價值。這種做法的好處之一是，它能略過經營團隊在公布獲利時玩的一堆花招。此外，盈餘很少等同於可分配給股東的現金，而這才是投資人真正應該關心的。」

要計算一間公司的自由現金流，可以用以下公式：

自由現金流＝營業活動產生的現金流－資本支出

「營業活動產生的現金流」和「資本支出」這兩個數字，都可以從公司的現金流量表上找到。

營業活動產生的現金流，指的是公司從核心業務中實際賺到的現金。以蘋果為例，營業活動產生的現金流反映蘋果販售 iPhone、iPad 和 AirPods 賺了多少錢。

資本支出是指公司再投入自身業務所花的金額。舉例來說，公司為了採購新建築、辦公設備和機器所花的錢。

自由現金流就是營業現金流與資本支出之間的差額。舉例來說，蘋果在二〇二三年公布，販售產品獲得一千一百億美元的營業現金流。但是蘋果把這一千一百億中的一百一十億重新投資回公司，因此，蘋果實際賺得的自由現金流是九百九十億美元：

九百九十億＝一千一百億－一百一十億

這才是蘋果實際賺到的獲利。

你也可以用這個指標來預測未來。假設你想知道一間公司未來會賺多少錢，你可以透過估算它未來的自由現金流來達成。而估算未來現金流的方法，就是比較它過去的自由現金流以及成長幅度。

幾年前，有位投資人想知道某一間零售公司實際賺了多少錢。為了達成這個目的，他試著掌握這間公司自由現金流的趨勢，以預測未來的獲利。在這個案例中，他注意到這間公司的自由現金流，穩定停留在每年大約四億到五億美元之間。因此，他推斷這間公司未來賺到的金額大致也會是這個數字。

在另一個案例中，同一位投資人正在研究一間科技公司，該公司每年約產生一百億美元的自由現金流。但是這個例子中的自由現金流並不穩定。公司的自由現金流每一年都會以約一〇～二〇%的速度成長。因此，這位投資人假設未來該公司自由現金流成長的速度，極有可能是大約一五%。

所以，自由現金流本身有所局限，重要的是要觀察自由現金流在一段時間內是否有改變，以及其變化趨勢。問問你自己：「自由現金流是穩定、成長，還是在下降？這些趨勢告訴我，這間公司未來將產生多少自由現金流？」

我們已經完成了判斷一間公司是否被低估的前兩個步驟。我們知道市值是衡量公司的買進價格最佳指標。我們現在也知道，自由現金流是衡量公司獲利能力（以及根據自由現金流趨勢推測未來獲利能力）的最佳指標。

在第三步中，我們會把這兩者結合起來，學會如何判斷一間公司的自由現金流相對於其買進價格是否充足——也就是說，它的實際價值是什麼？

在投資時，現金流才是關鍵。
不是營收，不是毛利，不是每股盈餘，而是現金流。

3. 問問自己：「這間公司相對於其市值，會產生大量的自由現金流嗎？」

學生選擇是否攻讀某個學位，取決於這個學位是否能幫助他們獲得與學費相對應的大量收入。如果他們必須支付十萬美元的學費，卻只能因此多賺兩萬美元的收入，他們可能就不會去念。但如果學費是八萬美元，而該學位能幫助他們每年賺到二十萬美元，那麼他們可能就會考慮。

我們在股市中也可以採用相同的方法。你知道一間公司的買進價格（那就是它的市值），你也知道這間公司未來能賺多少獲利（那就是它的自由現金流），所以你只需要投資相對於其買進價格，會產生大量自由現金流的企業就好了。

一個能夠總結這三個步驟的好指標是「自由現金流殖利率」（free cash flow yield），這其實就是「投資報酬率」的同義詞。計算公式如下：自由現金流／市值。

如果你花了四十萬美元取得一個學位，每年賺取十萬美元的收入，那麼你的投資報酬率（或自由現金流殖利率）就是二五%。同樣地，如果你投資一間市值為一千億美元的公司，而它每年產生七十億美元的自由現金流，那你就獲得了七%的投資報酬率，也就是七%的自由現金流殖利率。

你應該投資自由現金流殖利率高於整體市場水準的公司。標普五百指數的平均自由現金流殖利率大約是五・四%、中位數是六・一%。若任何一間公司的自由現金流殖利率高於這兩者其中之一，就可以視為被低估。

一間公司目前的自由現金流殖利率並不是唯一重要的事情，這點非常重要，因為未來自由現金流的成長也同樣關鍵。如果一間公司現在的自由現金流殖利率低於平均，但未來自由現金流大幅成長，可能會是比目前殖利率高、但未來利潤可能消失的公司還要更好的投資。

我對蘋果的投資之所以獲利超過五〇〇％，原因之一在於我在其自由現金流殖利率相當吸引人的時候買進。當時，該公司的自由現金流殖利率為八．二％（六百億美元的自由現金流／七千三百億美元的市值），遠高於整體市場的平均。

相較之下，巴菲特現在正在賣出蘋果，部分原因很可能是因為它不再擁有吸引人的自由現金流殖利率。現在它的自由現金流殖利率只有二．九％（一千零八十億美元的自由現金流／三．七五兆美元的市值）。

泰瑞．史密斯常被譽為英國的巴菲特。他說他的「主要估值準則」是公司自由現金流相對於其市值的比率。

二〇一三年，他研究一間名為史賽克（Stryker Corporation）的公司，這是一間醫療科技龍頭企業。為了判斷這間公司是否被低估，他問自己：「這間公司相對於其市值，產生了多少自由現金流？」

當時公司產生大約十七億美元的自由現金流，而市值為兩百五十三億美元。這相當於六・八％的投資報酬率（十七億／兩百五十三億）。如果你不知道這樣的投資報酬率算不算好，他的股票投資組合中的公司，平均投資報酬率約為五・七％。所以這間公司明顯被低估了。

他決定投資這間公司。從那時起，它的股價從六十七美元漲到三百五十九美元，成長了超過四〇〇％，成為他績效最好的投資之一。

請效法史密斯的操作，投資你認為長期下來能夠產生大量自由現金流、相對於其市值具有高自由現金流殖利率的公司。這是判斷一間公司是否被低估最簡單的方法。

我把巴菲特當作我的象徵性導師，並出版了我從他身上學到的一切，寫成《巴菲特的兩步驟股市策略》一書。那本書後來成為美國最暢銷的企業估值書籍之一。

為什麼它能賣這麼多本？那本書有一半的內容其實都在講，就一間公司的市值而言，如何判斷自由現金流是否夠高，這是一個非常重要的投資概念。

投資分為三個步驟：一、看股價；二、研究它賺了多少現金流；三、如果現金流相對於價格很高，就買進。

關於現金流的重要提示

以下是三個最後的提示，幫助你在做投資選擇時實踐本章內容：

- 只要猶豫不決，就絕對不要投資。
- 投資會產生穩定現金流的企業。
- 別管本益比（P/E Ratio）了。

1. 只要猶豫不決，就絕對不要投資

有句話說，當你有疑慮時，就應該選擇保守。在投資時，這是一個很好的經驗法則。如果你對一間公司是否夠便宜抱持疑慮，那麼不要投資可能是比較合理的選擇。

我曾經研究過一間冷凍食品公司，它是某個國家最受歡迎的冷凍食品品牌之一。當時該公司的自由現金流殖利率是七%。

那時的我舉棋不定。雖然這個殖利率不錯，但比起同一市場的其他公司，它只高出一～二%。

我感到徬徨：「一方面，我想投資這間公司，因為它的價格比市場上其他公司便宜。但是從另一方面看來，其實它也沒有比市場便宜很多，那我投資這間公司到底值不值得？」

最後我決定不投資。

結果，這是非常正確的決定。後來幾年，這間公司的股價下跌，因為它的內部出現問題，導致投資人預期未來的自由現金流將下滑。

當你猶豫不決時，絕不要投資。只有當一間公司的投資價值很明顯被低估時，才值得出手。

有時你可能會不確定一間公司是否真的被低估，在這種情況下就別投資。

蒙格曾說過，他想做的投資決策必須是「顯而易見的」，他只買進那些便宜到任何人一看都知道是被低估的公司。你應該尋找這類公司，利用本章介紹的指標，去找到那些價格便宜到你只需要花幾分鐘研究就願意投資的企業。

在猶豫不決時貿然行動，
就算是好投資人也會做出不好的投資決策。

---

2. 投資產生穩定自由現金流的企業

巴菲特是從製造業起家的。

在他的職業生涯中，他投資過數十間不同的製造公司，包括服裝製造商 Fruit of the

Loom，還有磚塊製造商 Acme Brick。其實，波克夏・海瑟威在成為投資公司之前，原本是一間紡織製造商。

巴菲特曾經研究過福特，這是美國三大汽車製造商之一。照理來說這應該對他來說輕而易舉。畢竟，他已經研究過數百間製造商，再研究一間公司應該不會太難。

但是有個問題——他說他「無法理解」福特。

什麼？巴菲特竟然無法理解福特汽車公司？

是什麼讓福特比其他製造商更難理解？

答案是可預測性。

巴菲特投資的其他製造商，每年產生的自由現金流都很穩定。舉例來說，Fruit of the Loom 也許在二〇一六年產生了三十三億美元，在二〇一七年產生了三十五億美元，在二〇一八年產生了三十七億美元[3]。所以預測它未來能賺多少錢就非常容易。

相較之下，福特完全沒有可預測性。

我們可以看看它極度波動的自由現金流：

- 二〇二〇年——三十億美元自由現金流。
- 二〇二一年——八十二億美元自由現金流。
- 二〇二二年——九．四六億美元自由現金流。
- 二〇二三年——負二十四億美元自由現金流。

這引出我們要談的一個重要的原則：只投資產生可預測自由現金流的公司。

你可以根據過去穩定的趨勢，推估 Fruit of the Loom 未來能賺多少錢。但你沒辦法對福特做這樣的推斷。

成功的投資在於以合理價格買進能產生大量自由現金流的公司。但是如果一間公司的自由現金流像福特一樣極度不穩定，就很難預測它未來能賺多少。這樣的公司應該立刻排除。

---

3 皆為假設的數字。

當艾克曼第一次閱讀我寫的其中一本投資書時，他說他之所以對我的書產生興趣，其中一個原因是那本書強調了投資擁有可預測現金流的公司，這也是他投資哲學的基石之一。

重點不在於一間公司能賺多少錢，而是它是否能穩定賺錢。

3. 別管本益比了

喬爾・葛林布萊特（Joel Greenblatt）是一位傳奇投資人，他在一九八五年到一九九四年間經營高譚資本（Gotham Capital）時，年報酬率達五〇%。他也是《超越大盤的獲利公式》（*The Little Book That Beats the Markets*）的作者，這本書已經被全球成千上萬的投資人閱讀。

他的其中一個投資祕訣，就是專注於自由現金流，而不是本益比：

「我們盡量只投資現金流充沛的公司。我們並不認為價值應該是低股價對帳面價值比或低本益比。我們其實會像私募股權投資人一樣，以現金流來評價一間公司。我們是用現金流來估值。」

每個人都聽說過本益比，也就是公司的股價除以每股盈餘。這可能是華爾街最流行的估值指標。

理論上，本益比應該告訴投資人，股票相對於公司的盈餘是否昂貴。但是本益比中的「E」（盈餘）並非總能精確反映公司實際賺了多少錢。

市場上可能有一家公司，其股票目前的本益比為十倍，這聽起來不錯。但如果這間公司像網飛或世界通訊那樣合法或非法地誇大盈餘幾十億美元，那它的「實際本益比」可能接近二十倍。

這樣聽起來就非常糟了。

所以，不要依賴本益比。

請把注意力放在自由現金流上。
對所有企業來說，自由現金流絕對是更準確的衡量指標。

請為了現金流而買股票。

\ 致富思維轉變 /

舊觀點

1. 我買這檔股票，是因為它會上漲。
2. 用盈餘衡量財務表現。
3. 根據本益比做投資決策。

新觀點

1. 我買這檔股票，是為了現金流。
2. 用自由現金流衡量財務表現。
3. 根據自由現金流殖利率做投資決策。

#原則4　買沒人想要的股票

買進沒人想要的好公司。

第六章

買進沒人想要的好公司

早在一九七〇年代，麥可・米爾肯（Michael Milken）創造了一種新的資產類別：「垃圾債券」（junk bonds），這些是風險高、報酬也高的債券。

垃圾債券風險高，因為這是由最有可能違約的公司所發行的債券。但是這種債券的報酬也高，因為投資人可以獲得高利率，以補償承擔的風險。

但米爾肯遇到了一個小麻煩——沒有人願意投資他的垃圾債券基金。畢竟，風險實在太大了。一間信用評等機構說，垃圾債券因為高風險而「不具備理想投資的特徵」。標準普爾甚至將這些債券歸類為「非投資等級」，因為風險太高了。

但是有一個人是例外：霍華・馬克斯。

馬克斯認為，AAA級債券（最安全的債券）是糟糕的投資，而垃圾債券（風險最大的債券）則是好投資。他說：

> AAA級債券只有一個方向可以走。AAA級是大家都覺得很棒的債券，這種債券來自賺很多錢、資產負債表穩健的公司。前景良好，一切都很完美。所以，如果一切都

完美，就代表情況不可能更好了。如果不可能更好，那就只可能變糟……（但是）如果你買的是B級公司的債券——人們對這些公司的期望極低——那麼出現驚喜的機率就會比較高。

因此，馬克斯投資了米爾肯的垃圾債券基金。

但是他做的不僅如此。

多年後，他認為垃圾債券市場前景非常光明，於是成立了自己的投資公司——橡樹資本（Oaktree Capital），專注於垃圾債券投資。自成立以來，該基金在不良債權基金中每年創造一九%的報酬，使他成為有史以來最偉大的投資人之一。根據《經濟學人》（*The Economist*）所述，橡樹資本現在仍是世上最大的不良債權投資人。

馬克斯教會我們一個重要的投資課題：

1. 永遠不要投資大家都預期會表現良好的資產，因為這種資產的上漲空間有限。

2. 相反地，你應該投資在沒有人認為會表現良好的資產上，因為這種資產很可能會帶來驚喜。

人們預期會表現良好的股票，永遠不要買進

班傑明・史坦（Benjamin Stein）和柴克瑞・斯坦伯格（Zachary Sternberg）兩位大學生，都擁有有趣的背景。他們在大學期間成立了一間避險基金，名為雲杉屋投資管理（Spruce House Investment Management）；這支基金為許多知名客戶管理高達數十億美元的資產，其中包括麻省理工學院（MIT）。

他們花了大量時間狂讀巴菲特的年度股東信，渴望成為下一個巴菲特。

成立後的最初幾年，他們的績效非常出色。在扣除管理費後，他們仍創造了一八%的報酬，相較於標普五百指數約八%的年化報酬率，他們的表現無人能敵。他們的成功如此前所未見，甚至被邀請參與撰寫新版《證券分析》（*Security Analysis*）一書——巴

菲特導師葛拉漢的著作。

但是到了二〇一九年，他們將投資組合轉向幾支成長股，包括 Carvana（線上二手車經銷商）和 Wayfair（電子商務業務），他們各自持有數百萬股。

這些股票一開始表現得非常好。

Carvana 從二〇一九年的八十美元飆升至二〇二一年的三百六十美元。

Wayfair 從二〇一九年的一百五十美元上升到二〇二一年的三百四十美元。

根據《華爾街日報》報導：「到二〇二一年年中，他們的投資組合已經以每年二〇％的速度成長，幾乎是標普五百的兩倍。」史坦與斯坦伯格寫道：「在非常短的時間內，我們就讓雲杉屋參與了一些品質極高的創投與成長股機會。」

但是後來一切都變了。

華爾街對這些股票的成長預期過高。他們相信 Carvana 會持續保持三位數的成長率，而且預期 Wayfair 每年都會有四〇％到五〇％的成長率。

但是，幾乎沒有任何公司能夠達成這麼高的期望。

結果你猜發生了什麼事？

有一天，這兩間公司都無法達到這些高預期。當這種情況發生時，兩間公司的股價就都崩盤了。Carvana 和 Wayfair 的股價分別下跌了九八%和九〇%。這些股票——以及其他成長股——跌幅如此之大，結果史坦與斯坦伯格在年底前讓客戶損失了三分之二的資金，導致他們的基金被財經媒體網站 ValueWalk 評為十大表現最差避險基金之一。

他們的故事揭示了一個寶貴的教訓：永遠不要買大家都預期會表現良好的股票。在職場上，員工通常會降低主管的預期、同時提高自己的成果。為什麼？如果員工把主管的期望設定得過高，就會很難超出預期、無法讓上司滿意。

同樣的概念也適用於股票。預期愈高，一旦公司未能達標，跌幅就愈大。如果華爾街對某一支股票抱有高度期待，那麼經營團隊就幾乎不可能滿足投資人的期望。換句話說，如果一支股票的期望很高，公司就很難超越預期。結果這支股票的績效絕對好不到哪裡去。

在網路泡沫時期，華爾街對科技公司的期望異常地高。「這間科技公司將成為下一間IBM，」他們說：「那間公司會達到十億美元估值。」但這些公司從未達成那些不切實際的預期。當華爾街意識到這點，他們就會立刻拋售股票，導致價格崩跌。

雖然我們不會每天都遇到網路泡沫，但這樣的事情其實經常發生，只是規模較小。二〇二〇年時，華爾街對汽車生產商 Nikola 的未來抱有極高期待。有投資人預測它會成為整個電動車領域的龍頭；也有投資人認為它對特斯拉的市占率構成重大威脅。總而言之，所有人都預期它會表現得極其優秀。但是，這間公司從未實現這些期待，股價從每股一千九百七十七美元暴跌至不到五美元，成為近年表現最差的股票之一。

股價被高估的最大警訊，就是它看起來像一支「熱門股」。很多時候，讀者會寫信問我：「你覺得〇〇股是一間值得投資的公司嗎？」他們問的公司幾乎全都是當下最熱門的股票，近期的例子包括超越肉類公司（Beyond Meat）、Nikola 和輝達。

千萬要當心熱門股。這是一條違反直覺的建議，大家都喜歡投資那些預期會表現良好的公司。但事實是，那些大家都預期會表現最好的股票，往往最有可能無法達成預期

（因此表現不佳）。

你應該做的是買進沒人想要的股票⋯⋯。

當標準一開始就被設得太高，要超越就很困難。

買進沒人想要的股票

有一位投資人出身貧困。他的家庭靠政府發給貧民的食物券生活；比社區大學好的學校都不願錄取他；他的工作並不光鮮亮麗，只是在零售業當經理。

但他對透過股市致富非常感興趣。他每週都去圖書館看巴菲特的演講影片，晚上則讀投資書籍，自學如何選股。

最後，他對自己的選股能力感到有信心，開了一個證券帳戶，開始用自己擁有的任何資金進行交易。他實行的策略很簡單：買進沒人想要的公司。

當臉書因為監管阻力而股價大跌時，他投資了這間公司。

當一間軟性飲料公司因為要與可口可樂競爭而沒人敢碰時，他投資了這間公司。

當因地緣政治緊張升溫導致沒人想碰半導體股時，他投資了幾間半導體公司。

接下來十年，他的股票表現非常出色，多檔股票漲了好幾倍，甚至有幾檔股票漲幅超過一〇〇〇%。簡而言之，他的投資組合裡滿是贏家。

這些成功全都是因為他在沒人想要的時候買進。所以，如果你想在股市中致富，就在沒人想要某間公司的股票時買進。

正如身價超過四十億美元的卡爾·伊坎曾說：「你必須在沒人想要的時候買進，這才是真正的投資祕訣。聽起來非常簡單，但真的非常難做到。當所有人都討厭時，你要買進；當所有人都想要時，你就賣給他們。」

如果市場對一間公司的期望很低，經營團隊不需要太努力就能超越這些期望。所以，當市場期望最低時，股票表現超出預期的機率最高。

你應該要找的是人們避之唯恐不及的公司，彷彿遇到火災警報一樣。這些公司很可能正處於市場期望的谷底。一旦你開始深入研究這間公司，你可能會發現價格被低估，而且未來有很大的上漲潛力。你要找的就是霍華・馬克斯所說的那種「驚喜」。

看看巴菲特的一些投資案例。你會發現，他許多最成功的交易，都是在沒人想擁有那間公司時買進的。

在二〇〇八年沒人想擁有銀行股的時候，巴菲特買進了高盛（Goldman Sachs）五十億美元的股份。

當 iPhone 的銷售放緩，導致沒人想擁有蘋果股票時，巴菲特買進了三百八十億美元，這成為他近年來最成功的投資之一。

在一九七〇年代末期，沒人想要投資汽車保險公司，因為整個產業的獲利能力消失殆盡，但巴菲特買進了兩千四百五十萬美元的蓋科股票。結果，這也是他有史以來最成功的投資之一。

當沒人想擁有一間公司時——無論是因為疫情、破產風險、經濟崩潰——那正是市場對它期望最低的時候。

這些就是你可以輕鬆賺錢的時刻。這些就是該出手買進的時候。

還記得那位從靠食物券生活，一路建立出六位數投資組合的投資人嗎？其實我還沒把整個故事說完。在後來幾年，他仍繼續執行「在沒人想要的時候買入」的策略，而且變得更加成功。

舉例來說，二〇一九年時他發現沒人想投資特斯拉。因為華爾街擔心維修成本上升會壓縮毛利率，再加上公司的技術長離職，那時股價從二十四美元跌到十二美元，跌幅高達五〇%。甚至有人說這間公司的投機性質太高，所有人都不看好特斯拉。

結果你猜怎麼樣？

他選擇買入這間公司的股票。

那大概是他一生中最成功的財務決定。

股價從十二美元漲到最高四百美元，期間獲得數千百分比的報酬。由於他在這間公司投入了超過六位數的資金，這筆持股的價值最終超過一百萬美元。他光靠這一筆交易就成為百萬富翁！

而這些獲利全都是因為，他在沒人想要時買進一間好公司。

知名投資人艾克曼，在二〇〇八年投資了一間名為普遍成長資產（General Growth Properties）的公司。那間公司完全就是沒人會想擁有的類型：這是一間在史上最嚴重經濟衰退期間瀕臨破產的購物中心營運商。

但艾克曼將「沒人想要」的事實視為投資動機而非阻力，對這間公司投資六千萬美元。結果，這成為他職業生涯中最成功的投資之一。

他在這間公司投資的六千萬美元，最終變成超過十六億美元，投資報酬率竟超過二十五倍。

這些成功，都是因為他買進沒人想要的公司。

沒有人想要的股票，才是賺錢的地方。

想找到沒有人想要的公司，有兩個重要元素：第一，要注意市場情緒；第二，要注意近期的股價表現。

首先要注意的是市場情緒。問問自己：「大家對○○公司的前景是樂觀還是悲觀？現在人們想要投資這間公司嗎？還是害怕投資這間公司？」

第二，注意股價表現。如果某間公司股票的表現落後於市場，那就是一個沒人想投資它的好跡象（畢竟，當沒人想投資一間公司時，它的股價就會下跌）。因此，尋找符合以下三項條件之一的公司：一、股價接近五十二週低點；二、股價接近歷史最低點；三、近年來股價大幅下跌。

克拉曼說，他挑選沒人想碰的股票的方法，就是找出過去一年表現最差的那些股票。他知道，沒人想買的股票，往往是市場表現最差的那一批。

但是我告訴你一個小祕密：很少有讀者能真正將本章的教訓付諸實行，畢竟，大多數人仍沒有勇氣去買沒人想要的股票。

雖然二〇〇八年金融危機的谷底，是買進銀行股的最佳時機，但要把自己的身家押在一個數百間公司在幾乎一夕之間倒閉的產業上，實在是件令人害怕的事。這也是為什麼在金融業復甦的過程中，幾乎沒有人從銀行股中賺到錢。

雖然我們前面提到的反向投資人，在最佳時機買進特斯拉，但極少有謹慎的投資人會有勇氣去投資一家被標籤為「高投機」且有破產風險的公司。

在公司股價自由落體時買進股票並不容易，恐懼會讓我們立刻退縮。

舉例來說，保險公司蓋科在一九七〇年代初期陷入困境。汽車零件的通膨使成本在短短幾年間暴漲，而政府法規卻禁止保險公司調漲價格。結果，蓋科遭遇了高達一・二六億美元的虧損，這是該公司三十六年來首次出現虧損。

那時，沒有人想持有蓋科。更糟的是，公司還動用「創意會計」手法來淡化通膨的影響，結果導致投資人完全不信任蓋科。在股價於幾年間從六十一美元跌到不到兩美元後，一位股票經紀人甚至直接對蓋科執行長說：「現在誰還會想買蓋科？」

理論上來說，當時其實正是買進這檔股票的完美時機。但是幾乎沒人這麼做，原因就是恐懼。

隨著保險公司實施扭轉策略，包括調高保費四〇％以增加現金流並募集超過七千萬美元資金來強化流動性，蓋科的股價從每股三美元飆升至十五美元，漲幅達四百％。

投資最困難之處，就是果斷做出與所有人相反做的事。

那麼，你要如何建立信心、投資沒人想要的股票？要如何習慣押注一個可能即將崩潰的產業？

這裡有四件事可以幫助你在沒人想要的時候，仍然敢買進一間公司：

1. 永遠不要犧牲品質，而去買沒人想要的公司。
2. 不要把一次挫折誤認為嚴重的問題。
3. 把逆境視為「小波折」，而不是「徹底的災難」。
4. 只要你專注於顧客，就能忽略其他一切。

1. 永遠不要犧牲品質，而去買沒人想要的公司

我還是高中生的時候，研究的第三檔股票是3M公司。他們生產各種產品，從醫療用品、膠帶到清潔用品，應有盡有。

我曾聽人說過：「要買別人拋售的股票。」3M當時似乎就是這樣的一支股票。它從先前的高點下跌了一五～二〇%，而且每天都在持續下跌。

但是3M有一個缺點：它缺乏一檔具吸引力投資標的應有的幾項特質。它的成長潛力停滯，沒有競爭優勢。當時年輕又無知的我忽略了這些警訊，還是投資了這間公司。

你猜發生了什麼事？

這支股票完全沒有好的表現，因為我為了價格而犧牲了品質。

請絕對不要為了買進便宜公司而犧牲品質。這麼做幾乎不可能帶來好結果，因為品質比任何其他因素都重要。

你該買的是沒有人想要的高品質公司，而不是沒有人想要的劣質公司。你要買的是沒人注意到的黃金，而不是沒人要的垃圾公司。

2. 不要把一次挫折誤認為嚴重的問題

人們在人生中常常遇到問題。其實公司也一樣。他們也會經常遇到問題！

J．K．羅琳（J.K. Rowling）在職涯初期就跟其他人一樣。她希望能有一份成功的事業，賺足夠的錢好與配偶共度穩定的生活。我們都知道她後來的成功——出版《哈利波特》系列，全球銷量數億冊，成為世上最富有的女性之一。

但很多人不知道的是，她從大學畢業到事業成功之間發生了什麼。尤其在成年初期，她經歷了極大的創傷，這些細節很少人知道：她與第一任丈夫的婚姻在短短幾年內就結束了；她差點流落街頭，因為她負擔不起一千一百八十九英鎊的房租。

她罹患憂鬱症，甚至曾經考慮自殺。羅琳說：「我指的是自殺的念頭，不是『我有點難過』而已。」

雖然她後來成功了，但她在這趟旅程中也經歷了許多挫折。

但有趣的是，你可能會認為羅琳很不幸，心想：「她真的有夠倒霉，同時間陷入憂鬱、又離婚、又破產。」

但其實並不是那樣。

羅琳的生活模式其實並不罕見。人生面對重大挫折是很正常的。

以下是投資界中的幾個例子：蒙格在一九八〇年因一次失敗的手術失去了左眼；伊坎曾在幾年內損失一百七十億美元；艾克曼曾經歷過一場艱難的離婚。

每個人都會面對重大挫折！

挫折只是人生的一部分。

對企業來說也是如此，挫折只是經營企業過程的一部分。

在一九八五年史蒂夫・賈伯斯（Steve Jobs）被解僱後，蘋果差點破產。它在一九九二年到一九九七年間損失了約八〇%的市值。在推出 iPhone 之前，蘋果曾推出過十多款失敗的產品。

特斯拉在二〇〇八年由於全球金融危機差點破產。二〇一八年時，美國證券交易委員會（SEC）指控馬斯克因為關於「資金已確保」將特斯拉私有化的聲明「不實且誤導」，引起投資人的嚴重關注。二〇二四年四月，BBC報導稱「特斯拉遭遇『災難』，交車量創二〇二二年以來新低」，導致股價從二〇二二年的高點重挫了五〇%。

星巴克（Starbucks）在二〇〇八年金融危機期間，離破產只剩下七個月的時間。曾有一次，星巴克關閉了澳洲超過三分之二的門市，並將中國市場拱手交給了瑞幸咖啡。近年來，星巴克的銷售也開始下降，這也導致其股價出現了兩位數的跌幅。

這些都是世界上最大型的企業之一。

星巴克、特斯拉和蘋果，都曾經在某個時候差點破產。挫折只是經營企業的一部分。

但它們經常要處理巨大的挫折。這是一個重要的見解。

如果一間公司正在面臨挫折，不要害怕放手投資。你要了解這間公司並不是在經歷任何不尋常的情況，就能增強你投資的信心。

如果因為訂閱成長放緩而沒有人想擁有網飛，不要認為是網飛出了什麼問題。相反地，你應該要有投資的信心，因為成功的公司依然經常遭遇挫折。

如果因為疫情封鎖導致沒有人想擁有麥當勞，別以為麥當勞的營運出了什麼問題。相反地，你應該要有投資的信心，因為成功的公司依然經常遭遇挫折。

如果因為特斯拉正面臨毛利率問題而沒有人想擁有特斯拉，不要認為是特斯拉出了什麼問題。相反地，你應該要有投資的信心，因為成功的公司依然經常遭遇挫折。

在新冠疫情期間，名為起司蛋糕工廠（The Cheesecake Factory）的連鎖餐廳面臨巨大的挫折。由於疫情，所有餐廳都被關閉，大多數人基於恐慌而賣出股票。但我提醒自己，公司遇到巨大的挫折是很正常的，我決定買進這檔股票。結果呢？隨著公司從疫情中復甦，我的本金成長了一倍。

相較之下，其他人因為一些超出公司控制範圍的原因，開始對這間公司做出負面結論，結果他們卻錯過了大好的投資機會。

3. 把逆境視為「小波折」，而不是「徹底的災難」

在二〇一七年，艾克曼犯了一個大錯——他投資了一間名為威朗製藥（Valeant Pharmaceuticals）的公司，結果發現該公司深陷會計醜聞。不久之後，威朗的股價大幅下跌，市值幾乎蒸發，導致艾克曼損失了超過三十億美元。

這使得艾克曼的處境艱難。

投資人對艾克曼失去信任，從他的基金中撤回了幾億美元，他還因為內幕交易被起訴。艾略特投資管理公司（Elliott Investment Management）預測艾克曼的避險基金將會倒閉，於是做空了他所持有的每一項資產。一間新聞機構發表了一篇名為〈比爾·艾克曼的私人避險基金生涯結束了嗎？〉（Is Bill Ackman's Private Hedge Fund Career Over?）的文章。當時的艾克曼處於如此困難的境地，甚至面臨著入獄的風險。

更糟的是，他當時正在與妻子辦理離婚訴訟。

艾克曼說：

我曾想像過一個結局：離婚奪走了我的所有資源、我的永久資本工具最終被清算，而我的同行中的另一位激進投資人將我逼出市場。我曾經想像過一個我破產的世界。一位法官判定我犯了某些罪，並將我送進監獄。

從事後看來，一切都好起來了。他從摩根大通（JPMorgan）借了三億美元，買進足夠的公司股票，以防止被艾略特投資管理公司收購。不久後，離婚訴訟解決，艾克曼也沒有因為內幕交易而被判有罪。現在他已經重建了許多當初失去的投資人信任。

雖然這聽起來像是他生命中一段極其糟糕的時期，但艾克曼並不認為那次事件真的有那麼重要。他說：

如果你查看潘興廣場（Pershing Square，艾克曼的避險基金）的線圖，可以看到最低點在哪裡……而現在你可以看到我們現在的股價。

那次讓人完全難以置信的災難性巨大跌幅，現在看來就像曲線上的一個小小波動。

這真的能讓人看清事情的全貌。

從下頁表4中可以看出，多數當下看起來像是重大打擊的事情，長遠看來並沒有那麼重要。在股市中尤其如此。

如果你將每次挫折都視為「小波動」，就會有勇氣去買進那些沒有人想擁有的公司，因為你不會擔心公司所面臨的任何暫時問題。但如果你將每次挫折都視為徹底的災難，你就永遠不會有勇氣去投資任何公司，因為你會認為每個公司面臨的問題都是世界末日。

二〇〇八年的金融危機，在整整一百年的歷史長河中，只不過是段小插曲。

我很幸運在新冠肺炎疫情期間，Meta 股價觸底時買進。我大約在每股一百三十八

表 4　潘興廣場的股價

事情一開始看起來很糟糕（上），
但在整體情況下並不那麼糟糕（下）

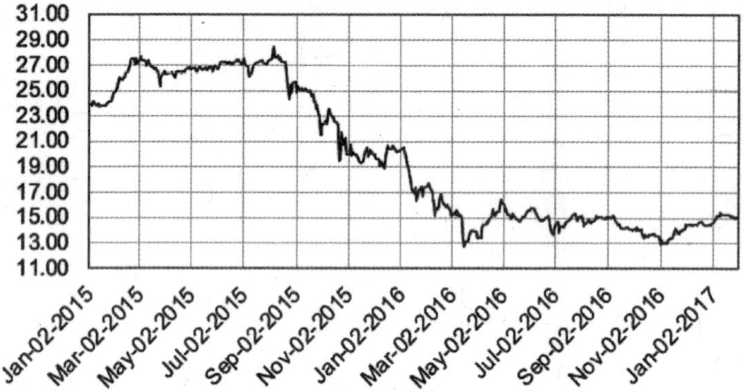

艾克曼身陷苦境時，潘興廣場的股價

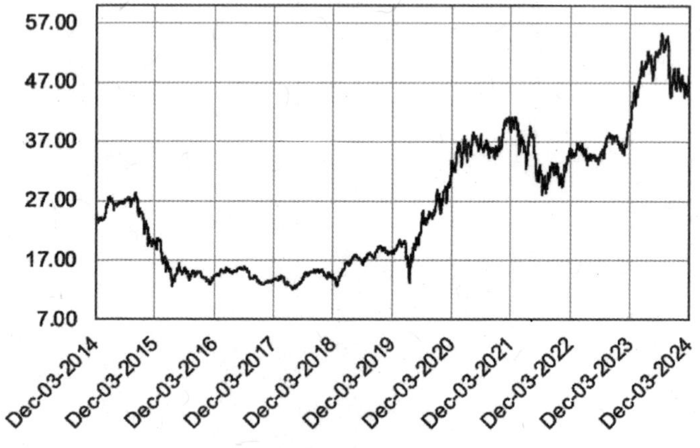

潘興廣場長期股價

美元的價格入手，股價很快就漲到約三百七十美元。我的獲利率約一六〇%。老實說，那時我覺得自己是整個華爾街最聰明的人。

但這種感覺沒持續太久。

接下來幾個月，Meta 遇到好幾個問題：首先，WhatsApp 的營收居然下滑了五二%？再者，旗下的元宇宙部門 Reality Labs 在短短一季內就虧損了三十七億美元。公司也預測總營收將出現下滑，這是自二〇一二年上市以來首次下滑。

股價暴跌至九十美元，比高點低了七五%。儘管我在疫情期間股價觸底時買進，但我還是虧損了三五%。這讓我很驚訝。況且，不是只有我這麼想，大家都在問：「怎麼會虧損？股價怎麼會比新冠肺炎時期的低點還要低？」

在這種時候，我們很容易對這檔股票失去信心，這間公司的整個業務看起來正在崩塌。然後我問自己：「這只是暫時的小波折，還是真正的災難？」我得出的結論是，這場逆境終將過去，最後看起來只會是一個小波動。

最後，這檔股票回升了，現在的股價是六百三十美元。

這代表從我當初的投資金額上漲了三五六%。能夠審視這檔股票的歷史並保持正確的視角，讓我有信心持股不賣。這種見解最後帶來了豐厚的報酬。

還記得我說大學時對自己許下的承諾嗎？

我說過，有一天我要寫出一本會被視為《智慧型投資人》之後最偉大的投資書。而我之所以有信心已經做到了，其中一個原因就是：我這本書傳達了一個鮮少有人談及的投資觀念——把挫折視為小波動，而不是大災難！

4. 專注於顧客，忽略其他一切

貝佐斯要求他的主管專注於顧客，忽略其他所有事。事實證明，在股票市場裡你也可以這麼做。

一九一九年，有一間年營收約三千萬美元的小型飲料公司。這間公司剛剛被羅伯特．伍卓夫（Robert Woodruff）的家族買下。伍卓夫是一名從喬治亞理工學院輟學的大學生，以「翹課」和「亂花錢」聞名。但在家族買下這家公司不久後，他的父親就任命他為整間公司的總裁。

伍卓夫家族在買下公司的幾個月後，就將其公開上市，但那場首次公開募股可以說是一場災難，問題重重。公司正捲入一起最高法院的商標侵權官司；全球糖價崩跌，導致公司積壓了數百萬美元的高價糖原料；不久之後，大蕭條爆發，執行長說銷售量「遠低於預期」。

簡而言之，這間公司陷入一團混亂。股票上市後不久，股價從四十美元暴跌一半，剩下二十美元。

那是大蕭條的開端，人們在街頭排隊領食物；股市崩盤將近八九%。

沒有人想要投資一間面臨這麼多問題的公司。

但是有一個例外：小鎮上的銀行家派特・蒙羅（Pat Munroe）。

他有一套獨特的投資哲學。

他注意到，即使經濟環境一片蕭條，鎮上的人們仍然持續購買這間公司的飲料，所以他知道消費者喜歡這個產品。而且他相信，這間飲料公司所面臨的所有問題，從長遠來看都是小事。所以他買了這檔股票。

但他做的遠遠不只這些。

他說服整個小鎮的人也買進。他挨家挨戶敲門並告訴鄰居：「你應該買進這間飲料公司的股票，因為……」他甚至動用銀行資金借給鄰居，讓他們可以買進更多股票。

這或許成了本世紀最成功的一筆投資。

大蕭條之後的數十年，將股利再投資後，每一股十九美元的可口可樂股票，價值超過一千萬美元。這個小鎮成為全美人均最富有的城鎮，出現超過六十七位「可口可樂百萬富翁」，至今仍非常富裕。

蒙羅教會我們一個重要的道理：專注於顧客，忽略其他一切。

如果你能確定一間公司對顧客的價值，幾乎其它任何問題都會隨時間自動解決。

歷史上唯一能長期奏效的投資策略就是：

專注於顧客，忽略其他一切。

當沒人想要擁有一間公司，只因為他們害怕經濟環境時，正確的做法是忽略經濟環境，問你自己：「這間公司能讓顧客開心嗎？」

當沒有人想要擁有一間公司，只因為它正面臨法律訴訟時，正確的做法是忽略官司，問你自己：「這間公司能讓顧客開心嗎？」

當沒有人想要擁有一間公司，因為它正在重組時，正確的做法就是忽略內部重組，問你自己：「這間公司能讓顧客開心嗎？」

至少，這就是巴菲特在一九一九年研究可口可樂時會做的事。巴菲特說：

「（可口可樂上市後）確實出現過關乎糖的問題，還有各種其他問題……但重要的不是這些。重要的是，你要看到他們未來將每天賣出十億杯八盎司的飲料……而能讓全世界每天開心十億次的人，理應能從中賺點錢……如果你在其他議題上形成的看法，讓你遲疑了，導致你沒有依據這個更明確、更專注於公司未來的判斷去行動，那就會錯過一次絕佳的投資良機。」

在本書的開頭，我曾提到，人們將本書稱作自一九四九年《智慧型投資人》出版以來，最具革命性的投資書。部分原因就是，這是少數幾本甚至會提到「專注於顧客、忽略其他一切」這個觀念的投資書之一！

所以，當世界看似正在崩解，一間公司似乎正處在邊緣時，看看它的顧客。那才是真正重要的，去問問蒙羅就知道了。

買進沒有人想要的好公司。

致富思維轉變

舊觀點

1. 買進所有人都要的股票。
2. 犧牲品質去買便宜的公司。
3. 當股價不如預期，就得出公司不好的結論。
4. 研究有關公司的一切。

新觀點

1. 買進沒人要的股票。
2. 絕對不要為了買進便宜的公司而犧牲品質。
3. 明白大企業定期會面臨問題。
4. 專注於顧客，忽略其他一切。

#原則5 別怕支付溢價

好公司的價格很難不好。

第七章

你應該為股票支付溢價的原因

在一九七二年，巴菲特正在研究一間名為時思糖果（See’s Candies）的公司。這是一間位於加州的糖果業龍頭，而且可能是品牌最為強烈的一間加州糖果公司。

但是有個問題。

巴菲特認為這間公司太貴了。

時思糖果當時的估值是本益比十一・九倍，相較之下，他之前幾項投資只有四倍，例如百貨公司霍希爾德－科恩。由此可見，在他當時投資的公司類型中，時思糖果的估值偏高。

他一開始決定不投資時思糖果，但他的合夥人蒙格改變了他的想法。蒙格告訴巴菲特：「為了品質，多付一點是值得的。」

巴菲特便買進了這間公司。

接著，一件非凡的事發生了。

時思糖果的特別之處在於，每當它開設新店時，能夠賺取高達六〇%的報酬率。我們來比較一下會更清楚，標普五百中的一般企業對新投資機會的報酬率是一二%，相較之下，時思的報酬率相當高。

時思投資一些資金於新地點，就能獲得六〇％的報酬率。一而再、再而三地重複這樣的成果。

最終獲得的結果相當驚人，公司的營收從三千萬美元成長到超過三億八千萬美元。稅前收益從五百萬美元成長到超過八千萬美元，投資報酬率超過八〇〇〇％，成為巴菲特歷年來最成功的投資之一。

但是巴菲特在投資初期並沒有注意到它擁有這麼高的資本報酬率，是直到時思成為一項成功投資之後才意識到這點。

這顯示了關於投資的一個重要課題：多數投資人忽略了，投資的公司能以高報酬率再投資資本有多麼重要。

大家都知道複利的威力在投資中很重要。這個概念指出，年報酬率的小幅差異，長期下來會產生巨大的影響。舉例來說，如果一筆十萬美元的投資每年以七％的複利成長，一生下來最終會變成兩百九十萬美元。但如果年報酬率提高幾個百分點至一〇％，最終將獲得一千一百七十萬美元；這只是三個百分點的差異，卻帶來額外八百八十萬美元的報酬[4]。

我們通常只有在談論指數基金、共同基金和退休投資時，才會聽到複利原則的重要性，但是這在評估上市公司經營團隊時同樣重要。如果一間上市公司的執行長能以一〇%而非七%的報酬率再投資公司獲利，長期下來就會造成極大的差異（至少對時思糖果來說，再投資報酬率的差異造成了巨大的影響）。

但是有個問題。

你有沒有研究過，你的持股公司的執行長，獲利再投資所獲得的報酬率？如果你和大多數投資人一樣，答案可能是從來沒有。

每個人都在乎共同基金經理人挑選股票所獲得的報酬率，但沒有人在乎公司執行長做出的商業決策所獲得的報酬率。這說得通嗎？

不同的指數基金之間的報酬率其實差異不大。幾乎所有的指數基金都獲得八%到一二%之間的報酬。所以即使你挑中最好的指數基金，最多也只能讓你的報酬率提高幾個百分點。

但這並不適用於企業。

在公司內部，經營團隊在部署資本時所獲得的報酬率差異巨大。根據一項分析，表現最好的前二五％公司，資本報酬率為二一％，而表現最差的二五％公司，資本報酬率為七．五％。這代表最好的公司和最差的公司之間差了一三．三％。

在挑選指數基金時，人們會在乎那一～二％的報酬率差異。但在買股票時，卻不在乎額外的一三％報酬率差異。

這實在說不過去。

克里斯．戴維斯（Chris Davis）從小就想成為一名成功的投資人，長大後，他創辦了自己的投資公司——戴維斯基金（Davis Funds）。這間公司採取的策略是投資於能夠獲得高資本報酬率的公司。正如戴維斯所說：「當你可以投資有正向複利特性的公司

---

4 假設「平均投資壽命」為五十年。

時……我們想把握機會。」

這個策略極為成功。

一項對他的報酬所做的分析指出：「如果你在一九六九年投資一萬美元到戴維斯紐約創投基金（Davis New York Venture Fund），現在的價值大約會是三百三十萬美元；而如果把同樣金額投入標普五百，到今天只會值兩百二十萬美元。」

上網搜尋「〇〇公司的投入資本報酬率」，或在像雅虎財經（Yahoo Finance）這樣的股票研究平臺輸入公司股票代號，然後找到投入資本報酬率或縮寫ＲＯＩＣ的這項指標，這項數據會告訴你該公司部署資本時獲得的報酬率。

一般而言，只有當一間公司的資本報酬率高於二〇％時，你才應該考慮投資。這麼做會讓你投資到股市中較優秀的公司。

但是我要告訴你一個小祕密。

典型的讀者在讀完這本書後，不會照著這個建議做。

有一件事會阻止大多數投資人擁有資本報酬率高的公司。這正是當初讓巴菲特忽略時思糖果高報酬率的那個因素：價格。

> **昂貴的價格，是讓人不對高品質投資機會採取行動的唯一原因。**

別害怕支付溢價

如果你遇到一位基金經理人，他能幫你多賺五%的年報酬率，你會願意多付一%的管理費來投資他。那就把同樣的邏輯應用到股市上吧！如果一家公司能在投入資本上多賺一〇%，那就值得為它多付一點價錢。

投資人總是聽別人說，要買便宜的股票。

但正如我們到目前為止所討論的，在市場中賺錢的道路是挑選對的公司——是好的公司，而不是便宜的公司。要記住的是，價格這個因素是相對於品質。

有時候，多付一點是值得的。

新冠疫情爆發時，市場暴跌了三〇%，每一支股票都在跳樓大拍賣。對於一個相信「低買高賣」的人來說，這簡直就像美夢成真。具體來說，富樂客（Foot Locker，運動鞋與服飾零售商）當時的價格非常便宜，自由現金流殖利率達到一六%。

就像當年的3M一樣，富樂客是一間平庸的企業，所屬的產業也沒有吸引力，而且缺乏競爭優勢。

儘管如此，我仍然選擇買進，因為價格便宜。不過，最後得到的結果並不好。富樂客難以在競爭中脫穎而出，結果股價表現落後標普五百指數超過一一〇%。

投資一間平庸的公司，就算價格便宜，也不是一個好主意。

接著我們來看看富樂客與Meta的對比。

就算是在新冠肺炎疫情引發的股災中，Meta相對於整體市場而言也不便宜。此外，自由現金流殖利率為六．五%，也顯得很昂貴。無論怎麼看，Meta就像時思糖果一樣是間昂貴的公司。

但這是一間很棒的公司。

公司擁有競爭優勢、身處一個具有吸引力的產業，又具有創新能力。

坦白說，我的直覺是富樂客會是比 Meta 是更好的投資，因為前者便宜得多。

但是我錯了。

Meta 的表現極為出色。到目前為止，Meta 的股價已上漲超過三五〇%，成為標普五百表現最好的股票之一，而且表現明顯優於富樂客。

Meta 教會了我一個重要的投資教訓：「別害怕支付好公司的溢價。」

我們來看看透過數學例子來說明付出溢價的力量。

假設有兩支共同基金。

第一支由泰瑞．史密斯管理，（我們假設）他每年能賺取一四%的報酬率。

第二支由華爾街的普通投資人管理，他每年能賺取一〇%的報酬率。

但這裡有個轉折。

這位普通的華爾街投資人知道，自己如果沒有特色，就無法向投資人募得資金，因此他決定提供一項特別折扣：投資人每投入的一美元，他都會再加碼同等金額。就像雇主加碼提撥至你的四〇一k退休金（按：美國一種延後課稅的退休金帳戶計畫）一樣，你在這支基金的投資將獲得一比一的加碼優惠。如果你投資五十美元，系統會再自動幫你投入額外的五十美元；這就像是「買一送一」的優惠，你投入一塊錢，就能再得到一塊錢。

那我要問你這個問題：如果你有五萬美元可投資，你會選擇哪一支基金？

我們來計算一下。如果你投資在這位普通的華爾街投資人基金中，假設每年報酬率為一〇%，你的五萬美元投資（理論上會被加碼到十萬美元）過了二十年後，會增值到六十七萬兩千美元。

但如果你投資在史密斯的基金中，假設年報酬率為一四%，你的五萬美元在二十年後會增值到六十八萬七千美元。

二十年後，你投資於泰瑞的基金所得到的報酬會略高一點。

當然，他的基金並沒有提供「買一送一」的機制，你每投入一元就加碼一元，但是那額外的四個百分點年報酬，來自複利法則長期下來產生的巨大差異。

接著想像一下，我們討論的不再是基金。而是上市公司。

史密斯經營的一間公司資本報酬率為一四％。你現在可以用五萬美元買進該公司五十股。

那位普通的華爾街投資人所經營的公司，資本報酬率為一〇％。一般情況下，你也能用五萬美元買進該公司五十股。但現在它的股價跌了五〇％。所以用同樣的五萬美元，你可以買進一百股的股票，這就像是「買一送一」的股票優惠。

那麼，你會選擇哪間公司？

根據前面的例子，你大概會選擇史密斯的公司。

但大多數人在自然的情況下可能不會這樣思考。人們在看到公司股價便宜時會興奮，所以他們會傾向選擇有折扣的便宜公司。

但這是錯誤的選項。比較好的做法是買進那間沒有暴跌五〇％的公司，因為它的資本報酬率更高。

還記得巴菲特差點犯下的錯誤嗎？

在他買進時思糖果股票時，這間公司資本報酬率高達六〇％，但他竟差點沒投資，因為價格稍微高了一點。正如他的投資夥伴蒙格回憶道：「如果當時的股價要讓我們再多付十萬美元，華倫和我就會放棄——我們那時就是那麼蠢。我們只是剛好聰明到能做出這個『想都不用想』的決定。」

還記得我犯的錯誤嗎？

就品質而言，Meta 比富樂客好太多了。但我卻還是認為富樂客是比 Meta 更好的投資，純粹因為它的股價只有 Meta 的一半。

致富的關鍵是願意為高品質的企業支付溢價，而不是為平庸的企業支付便宜的價格。

微軟在二〇一三年時是一間昂貴的科技公司。

「我記得，在一間主流金融報紙的分析專欄，報社的科技分析師寫說『以這個價格

（每股二十五美元），沒人應該持有微軟股票』。」史密斯回憶道。

但是你猜發生什麼事？史密斯仍然以每股二十五美元的高價買進微軟，因為它是一間高品質公司，資本報酬率很高。而且這筆投資結果極為出色。在接下來十年，他的微軟投資賺了超過十倍的報酬，這成為他最具代表性的投資之一。而這一切都來自於他願意為高品質企業支付溢價。

事實上，史密斯將他的整套投資哲學稱為「品質投資」（quality investing）。

為什麼？

因為他只投資高品質公司。他投資組合中的公司平均資本報酬率為三四%，相較之下一般公司只有一二%。所以他非常堅持「支付溢價、買高品質」的策略，而這份堅持也為他和投資人帶來了豐厚的報酬。

我們已經知道為高品質公司支付溢價的重要性，但這並不代表你會比較輕易放棄一筆交易或折扣。我們來看看幾個能讓「願意多付一些錢」變得比較容易接受的策略：

1. 你有能力支付比想像中更高的價格。
2. 根據資本報酬率的高低，來決定支付的溢價幅度。
3. 若公司沒有再投資於成長，那投入資金報酬率很高也沒有意義。

1. 你有能力支付比想像中更高的價格

為公司支付溢價的確令人感到害怕。

但如果是高品質的公司，我敢說你其實有能力支付比自己想像中更高的價格。史密斯在他的書《投資成長》（*Investing for Growth*）中，研究一群「高品質公司」的股價表現，這些公司就是他個人會買入的標的類型。他發現，對於這些高品質公司，投資人即使在當時以極高的估值買入，在一九七三年到二〇一九年之間，仍然能夠打敗大盤。

你可以用兩百八十一倍本益比買進萊雅（L'Oréal），在一九七三年到二〇一九年仍能打敗大盤。

你可以用兩百四十一倍本益比買進奧馳亞集團，同一段期間也能打敗大盤。

你可以用七十倍本益比買進家樂氏（Kellogg），同一段期間也能打敗大盤。

或是用一百二十六倍本益比買進高露潔（Colgate），同一段期間也能打敗大盤。

你可以用一百倍本益比買進百事，同一段期間也能打敗大盤。

你可以用一百二十九倍本益比買進好時（Hershey's），同時也能打敗大盤。

你可以支付這些在當時看起來高得荒謬的本益比，但你還是可能打敗大盤。為什麼？因為這些企業是「高品質公司」，長期以高資本報酬率進行資本的複利成長，而品質上的微小差異會產生巨大的報酬差異。

在一九七三年，你可以用一百倍本益比買進百事的股票，依然能夠打敗大盤。

有時候，你能夠支付比你原本認為還高得多的價格。

所以，如果你曾經研究過一間高品質公司，但又因為溢價而猶豫不決，那麼你需要知道：比起你心中認為自己能負擔的數字，你很可能有能力支付更高的價格。現在看起來很貴的東西，在整體長期格局中可能根本不算貴。

人們常以為所有科技股在網路泡沫時期的估值都變得過高。

但其實並非如此。

在網路泡沫時期，有一間公司的估值並沒有變得過高，那就是亞馬遜。儘管它的股價在一年內，因為科技股炒作而飆升了一〇〇〇%，看起來好像很貴，但是就算你在股價高點買進，如果一直持有至今，仍然可以比市場多賺四〇〇〇%。

2. 根據資本報酬率的高低，來決定支付的溢價幅度

大家都聽過本益比，這是最常使用的估值指標之一，可用來判斷一間公司是否被高估或低估；但是，這也是我在上一章建議你完全忽略的指標。而且不是只有我抱持這種看法，許多成功的投資人也是這麼想的。

投資人經常會根據公司成長的速度而支付不同的本益比。舉例來說，投資人可能願意為一間每年銷售成長一〇%的零售公司支付二十倍本益比，但他們可能會為另一間年銷售成長二〇%的科技公司，支付四十倍本益比。

營收成長率愈高，投資人願意支付的本益比就愈高。

但投資人不知道的是，這個概念也同樣適用於投入資金報酬率。投資人應該根據一間公司投入資金報酬率的高低，來決定他們願意支付的本益比（或較低的自由現金流殖利率）。

大約二十年前，一群企業財務研究人員試圖計算在簡化的條件下，兩間假設性公司在市場上應該交易的本益比。

第一間公司叫做成長公司。雖然成長公司未來十年預計每年營收成長可達一三%，但它的投入資金報酬率只有一四%。

第二間公司叫做報酬公司。報酬公司的資本報酬率高達三五%，但每年的營收成長只有五%。

表 5　60 間公司的估值與資本報酬率的關聯性

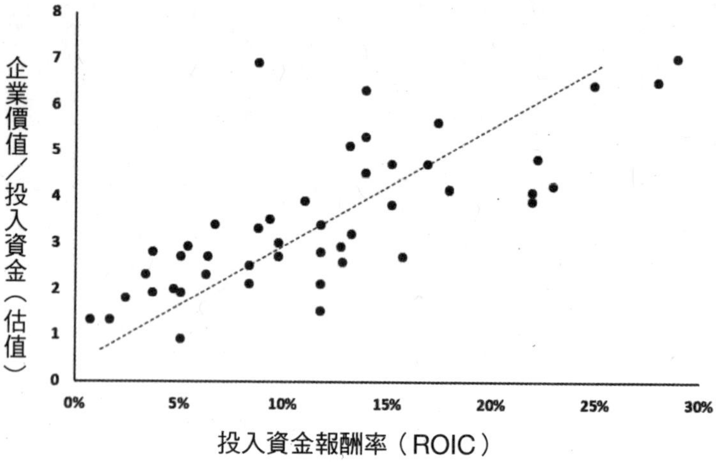

猜猜哪間公司的本益比較高？是成長快速但資本報酬率低的成長公司，還是成長緩慢但資本報酬率高的報酬公司？

你可能會預期成長公司的本益比較高。畢竟，人們會為成長快速的公司支付更高的本益比，而成長公司顯然成長的速度比報酬公司更快。

但是問題來了。

根據這些研究人員的分析，這兩間公司最終會以相同的十七倍本益比進行交易。就像人們會為成長快速的公司支付較高的本益比一樣，他們也會為資本報酬率高的公司支付較高的本益比。因此，這兩間公司會以相同的本益比交易。

我們在實證資料中也能看到這點。

請參考右頁表5，圖中顯示了六十間公司的估值與其資本報酬率之間的關係。這張圖揭示了一個不令人意外的發現：一間公司的投入資金報酬率與公司的估值之間有直接的相關性。**ROIC越高，人們越願意支付更高的本益比。**

所以你應該為任何一項投資支付的溢價，要視它的ROIC高低而定。一間公司投入資金報酬率愈高，你就越應該願意多付一點錢。

其實，本書是少數會告訴你，應該同時為了成長與ROIC而支付溢價的投資書籍之一。

成長有溢價，投入資金報酬率（ROIC）也會有溢價。
但是人們常常忘了後者。

3. 若公司沒有再投資於成長，那投入資金報酬率很高也沒有意義

想像一下，你有機會投資一檔神奇的基金，這是世上唯一每年都能讓你的資金成長一倍的基金。

身為一個想致富的人，你決定未來三十年每年都投入一千美元到這檔基金中，而你的一位密友也投入了一千美元。你們都希望透過投資這個基金，為退休生活準備足夠的資金。

但你的朋友做了一個不智之舉：他沒有把獲利留在基金中。反而是每年都把所有獲利提領出來，用於衝動性購物。

第一年時，你的一千美元成長一倍，變成兩千美元。你非常高興，但是什麼也沒做，只是對著這筆可說是平白得到的錢傻笑。而你的朋友則是把那一千美元的獲利提領出來，買了一對新的滑雪板。

第二年時，你的起始金額是兩千美元，而你的朋友又回到只有一千美元的起點。

這個循環年復一年地重複。你把獲利留在基金中繼續複利成長，而你的朋友則是每

年提領出來買更多東西。

過了三十年後，你的朋友會賺到三萬美元的獲利。還不錯。

但他永遠不會變得富有……像你一樣富有。

這三十年來你從未提領任何金額，你最初投入的一千美元最終將會複利成長至超過十億美元。準確來說，是十億七千三百七十四萬一千八百二十四美元。

這個例子讓我們學到一個重要的道理：光是有高報酬率是不夠的。資金必須以同樣的高報酬率再投資。換句話說，如果一項投資工具具有高報酬率的潛力，但卻從來不將資金以該報酬率再投入，那麼這個工具就是沒用的。

這同樣適用於公司。

假設你的朋友開了一間餐廳，一年賺進一百萬美元。但是他從未將任何獲利再投資回餐廳。那會發生什麼事？沒錯，這間餐廳永遠不會成長。過了三十年後，這間餐廳每年依然只能賺大約一百萬美元。

再假設你也開了一間餐廳，第一年也賺了一百萬美元。

但你將每一分獲利以一〇〇%的報酬率再投資。那會怎麼樣呢？第二年，你的獲利將變成兩百萬美元。再下一年，就是四百萬。三十年後，它將變成約一零七垓三千七百四十一．八京美元（$10,737,418,000,000,000,000）。

由此可見，公司是否將資金再投資回企業，影響非常大。

複利的原則只有將資金再投資時才會發揮作用。有時人們會遺忘這一點。

既然如此，我們就應該尋找那些會把獲利再投資於自身業務的公司。你或許會問：我們要如何判斷一間公司的再投資比例？

我們可以使用以下公式，來計算一間企業將多少獲利再投入於自己的業務上：

企業獲利再投資比例＝（1－（實施庫藏股＋股利支出）／自由現金流）

基本上，公司可以用獲利做兩件事：把錢返還給股東（透過庫藏股和發放股利），或是把錢再投資於公司本身。因此，如果我們知道返還給股東的獲利比例，就可以推算出剩餘資金是再投資回公司的。

我們用微軟作為例子來計算。

根據微軟的現金流量表，我們可以取得以下財務資料：股利支出為兩百一十七億美元，庫藏股為一百七十二億美元，自由現金流為七百四十一億美元。

將數字代入公式後可以看出，微軟有五二・五%的自由現金流是返還給股東的（一七二億＋二一七億）／七四一億。我們

以微軟的現金流量表來計算，算式為：

企業獲利再投資比例＝（1－〔庫藏股＋股利支出〕／自由現金流）

企業獲利再投資比例＝（1－〔172億＋217億〕／741億）

企業獲利再投資比例＝（1－52.5%）

企業獲利再投資比例＝47.5%

知道剩下的三百五十二億美元是再投資回公司的，也就是說，微軟將約四七．五%的自由現金流再投入其業務中。

你永遠應該買進於至少再投資三〇%獲利的公司。若一間企業的獲利再投資比例低於三〇%，即便資本報酬率再高，也很難成為有吸引力的投資標的。因此，請使用這兩個公式來判斷一間公司是否將大部分獲利再投入業務中，然後只買進那些至少再投資三〇%獲利的公司。

本書的「掌握這檔股」策略有四個明確步驟：只要你買進對的公司……用對的價格……把上漲潛力放到最大……還有管理風險，你就能在股市中致富。在前面三章中，我們探討了如何判斷一間公司是否處於合理價格。接下來的部分，我們將開始討論把上漲潛力放到最大。

要願意為高品質公司支付溢價。

致富思維轉變

舊觀點

1. 以較低價格買進股票來提升報酬率。
2. 總是對便宜的交易感到興奮。
3. 願意為成長支付溢價。

新觀點

1. 透過投資於具有高資本報酬率的公司，來提升報酬率。
2. 願意支付溢價。
3. 願意為成長和資本報酬率支付溢價。

第三部

把上漲潛力放到最大……

#原則6　說好財務故事

財務分析就是把數字變成故事。

第八章

別再這樣讀財報

在我之前寫的那本書《巴菲特的兩步驟股市策略》中，我花了好幾頁的篇幅，討論如何評估一間公司的財務健全狀況。每一位讀者都很喜歡那本書，因為它深入討論財務健全的評估方式。

但是後來情況變了。

我開始相信，研究一間公司的財務健全狀況並沒有我們想像中的那麼重要。此外，這也不是最成功的投資人取勝的主因。我們在前幾章已經討論過幾個關鍵的財務指標。但是深入鑽研每一份財報裡的每一個指標、每一個數字，大部分只是在浪費時間，並不會帶來更高的報酬。財務報表的確扮演著關鍵的角色——只不過，並不是我們從傳統教育中所學到的角色。

奧蘭多．布拉沃（Orlando Bravo）是一位獨一無二的專業人士。從史丹佛商學院取得ＭＢＡ後，他主動打了幾十通陌生電話，進入一家知名投資公司托瑪克里西股權合夥（Thoma Cressey Equity Partners），這是他夢寐以求的工作。

但事情發展得並不順利。

在前幾年內，他差點被解雇。讓我這麼解釋吧：在網路泡沫期間投資科技公司，並不是個好主意……。

布拉沃的老闆給他證明自己能力的最後一次機會，否則就得離開公司。

為了保住工作，布拉沃徹底改變自己投資策略的幾個方面，其中之一就是他讀財報的方式。

他以前之所以讀財務報表，是為了了解公司的財務健全狀況。舉例來說，他會用財報來回答「這間公司負債多不多？」、「這間公司毛利率健全嗎？」這類問題。他想知道這些數字是否合格。只不過，了解公司是否有高毛利、負債是否少，並沒有幫助他做出高品質的投資決策。

他後來不再用財報來看公司的財務狀況，而是用來理解一間公司的「故事」。他會用財報來回答這樣的問題：「顧客對該公司的產品有什麼看法？」、「該公司在風險管理上有多有效？」、「該公司的企業文化是什麼？」

這種做法非常有效。接下來的十年他逐步晉升，最後成為這間投資公司負則經營管理的合夥人（managing partner，為公司最高職位）。他也將公司發展成全球最大的科技私募股權公司之一，目前管理的資產超過一千四百億美元。他的個人淨資產超過九十億美元，成為第一位登上《富比士》（*Forbes*）四百大排行榜的波多黎各人。

而且最重要的是：他從來沒有被解雇。

每一份財報都在講一個故事。
投資人的工作就是找出那個故事到底是什麼。

透過數字看見背後的故事

每個投資人都學過，財務報表的目的是幫助他們了解企業的財務健全狀況。

但是有兩項統計資料很有趣：

- 根據一項分析，標普五百指數中大約有七〇%的公司財務狀況健全。
- 標普五百中，長期年報酬率能達到二〇%的公司不到四%。

那麼我要問你一個問題：如果你只根據財務的健全狀態來篩選公司，你能不能找到那少數能每年賺取二〇%報酬的公司？很可能沒辦法。

在標普五百指數中，只有約二十間公司（約占四%）每年平均報酬率能達二〇%，而約有三百五十間公司（占七〇%）財務健全。所以如果你投資於那三百五十間財務健全的公司，你每年獲得二〇%報酬的機率只有約五．七%（也就是三百五十間公司中只有二十間辦得到）。

因此，只靠財務健康來篩選公司，並不是一種預測公司是否能創造超額報酬的有效或精準的方法。

那麼財報在幫助你判斷企業健全程度這件事上，究竟能有多大的幫助？

你無法只靠投資財務健康的公司來致富，因為「財務健全」描述了標普五百中幾乎每一間上市公司。

有一項研究指出：「人工智慧操作的共同基金未能創造顯著的風險調整後報酬，其選股能力只略高一點點……且完全沒有擇時入市的判斷能力。」

那麼我問你一個問題。如果由一群博士設計、靠人工智慧模型運作的基金都無法打敗市場，而你只是計算幾個熱門的財務比率，又有多少機會能打敗市場呢？

這麼說吧，你的勝算不高。

如何透過財報理解一間公司的故事

在資料分析領域中，有一個很清楚的區別：資料（data）與見解（insight），而且這樣的區別非常憑藉直覺。

資料是你所蒐集到的數字，見解則是你從資料中得出的結論。

舉例來說，假設你有一份關於員工生產力的試算表，上面寫著某位員工上週工作了四十五個小時。這個「員工上班四十五個小時」就是原始資料。

見解就是你從這個資料中看出的故事。比如，你可能得出結論：「需要告訴該員工，他必須少工作五個小時，以避免產生加班費。」

重要的是見解，而不是資料本身。

一位資料分析專家曾經說過：「公司擁有非常大量的資料，但成功的關鍵不在於蒐集資料，而是……見解。」另一位資料分析專家則表示：「目標是將資料轉化為資訊，再將資訊轉化為見解。」

而這個理念在股市中同樣成立。

在股市中，同時有財務資料和商業見解。

財務資料是指投資人可以從財務報表中擷取的所有資料點：銷售成長、獲利率、負債資本比率等。

商業見解則是我們從這些財務資料中提煉出來的故事，也就是從量化資料中所獲得的質化見解。舉例來說，資料點是哈尼斯品牌（Hanesbrands，服裝生產及銷售公司）

的負債資本比為八〇%。而商業見解則是：「哈尼斯品牌可能面臨破產風險，因為負債資本比率高達八〇%。」

真正有幫助的部分，是對公司的見解。

財務資料的價值，取決於你能從中獲得什麼樣的見解。

但幾乎沒有人願意花時間，將財務資料轉換成商業見解。

他們不會將銷售成長的資料，轉換為關於顧客滿意度的見解。

他們不會將獲利率的資料，轉換為關於公司策略的見解。

他們不會將負債比率的資料，轉換為關於經營團隊風險承受度的見解。

真的很可惜，因為像布拉沃這樣成功的投資人，就經常將財務資料轉換成商業見解（故事）。布拉沃說：

故事必須與財務資料一致。舉例來說，如果你擁有非常高品質的產品和工程團隊，你的支援成本會比較低。如果你的產品更容易使用，你在實施階段所花的時間也會更少……如果你的產品對顧客來說極其重要，那你的平均銷售價格將會高達一百萬美元以上，而且你的客戶回頭率也會更高。

請注意，他並不是說他閱讀財務報表是為了評估公司是否財務健全；他說他閱讀財務報表，是為了將財務資料點轉換成關於公司故事的見解。

當他研究產品的平均銷售價格時，他會將這個資料點轉換成一個見解，也就是顧客是否喜歡這項產品。

當他研究一間企業的支援成本時，他會將這個資料點轉換成一個見解，也就是這間公司是否銷售高品質產品。

當他研究公司產品的實施時間時，他會將這個資料點轉換成一個見解，也就是產品是否容易部署。

你也可以這麼做。事實上，理解財務敘事是「掌握這檔股」策略的核心。透過將資料點轉化為見解……我們能看出一個故事……而這個故事會告訴我們，我們該把錢投資在哪裡。

每當你研究一間公司的銷售成長時，目標不應該只是弄清楚這間公司銷售成長是快是慢，而是要了解這間公司是否正逐漸受到消費者青睞；每當你研究一間公司的獲利率時，目標不應只是看它的獲利率是高還是低，而是要理解這間公司在產業中是否具有低成本優勢；每當你研究一間公司的股利支付率時，目標不應只是看它將多少盈餘拿來發放股利，而是要了解經營團隊是否擅長尋找新的投資機會。

左頁表6是一些資料點與見解的例子。

接下來，本章將介紹任何投資人都可以使用，將量化資料轉換成質化見解的三種方法。這三種方法如下：

1. 將公司繪製在「規模－成長矩陣」上。

表 6　將資料點轉化為見解，看出公司的故事

財務指標	第一層見解	關於公司故事的見解（第二層見解）
0.25 的資產負債比率	公司負債很少	經營團隊在追求成長機會時風險偏好低
5% 的獲利率（而競爭對手平均為 3%）	公司的獲利率高於競爭對手	公司透過成本效率實現與同業的差異化
40% 的營運現金流用於收購	公司花費大量資金進行收購	公司透過併購獲得成長能力，而非自行開發
廣告支出增加 20%	廣告成本大幅上升	公司正在優先進行品牌建設
毛利率比同業高出 10%	該公司毛利率強勁	公司以製造效率高而從同業中脫穎而出

2. 聚焦於產業專屬指標。
3. 對企業進行「壓力測試」。

1. 將公司繪製在「規模－成長矩陣」上

有一位新手投資人認為，投資於那些讓顧客最滿意的公司非常重要。但是有一個問題：很多情況下，我們很難判斷哪間公司為顧客提供最好的產品和服務。

他無法區別哪一間製藥公司（例如亞培〔Abbott〕、禮來〔Eli Lilly〕或輝瑞〔Pfizer〕）能製造出對顧客最好的藥物；無法區分哪一間石油公司（如埃克森美孚、英國石油或雪佛龍）提供最便宜的油價。他也無法區別哪一間中國電商公司（如阿里巴巴、京東或拼多多）提供了最好的顧客體驗。

於是他想出了一個有趣的解法。

他知道，當一間公司的顧客體驗更好時，銷售量就會更高，銷售就會成長。因此，他的策略是投資於那些銷售量更高、銷售成長更快的公司。

這個方法運作得非常好。他很快就能辨別出哪一間製藥公司、石油公司和電商公司的競爭地位最好。這也讓他能以一種系統化的方式理解一間公司的故事，而不必了解那間公司。現在他的投資組合表現非常出色。

顧客的滿意度是世界上每一間成功企業背後的關鍵。但要知道哪間公司讓顧客最滿意並不容易。除非你在現實生活中與產品接觸，否則你無法得到大多數公司在這方面的資訊。

解決方案是尋找具有兩個特徵的公司：一、公司營收是否比競爭對手更高？二、公司的營收成長是否比競爭對手更快？這就是你所要尋找的「理想公司」。

一、公司營收是否比競爭對手更高？

假設一位企業家銷售價值一千萬美元的產品。

投資人會知道，市場上確實有消費者想要這項產品。但如果這位企業家只賣出了價值五十美元的產品，就無法顯示任何消費需求。

這個概念也適用於股市。一間公司的營收越高，就越能證明消費者喜歡這個產品。如果你看到某間公司的銷售額是一百億美元，而它的競爭對手只有十億美元的銷售額，那你就知道消費者偏好那間銷售額一百億的公司。

要判斷一間公司推出的產品是否受歡迎，一個簡單的方法就是問自己：「這間公司比競爭對手賺得更多嗎？」

舉例來說，根據公開文件，在二〇二三年，三大航空公司都創造了約五百億美元左右的營收：

- 聯合航空收入為五百三十七億美元。
- 達美航空收入為五百四十七億美元。
- 美國航空收入為五百二十八億美元。

既然他們的營收幾乎一樣，我們就可以正確地推論，這三間航空公司所提供的產品或服務彼此之間沒有顯著差異。

相對地，耐吉（Nike）每年約創造五百一十億美元的銷售額，而愛迪達（Adidas）每年僅約兩百三十億美元。消費者在耐吉的花費是愛迪達的二．二倍。因此，我們可以知道消費者比較偏好耐吉。

二、公司的營收成長是否比競爭對手更快？

如果一個產業成長得更快，表示它在消費者當中變得更受歡迎。舉例來說，電動車產業每年都在成長，所以我們知道有愈來愈多的消費者開始偏好電動車。相反的，香菸產業每年都在略微衰退，因此我們知道消費者不喜歡香菸產業。所以，產業成長是一個顧客吸引力的指標。一個產業成長得越快，我們就越能有信心認為消費者的趨勢正在往這個方向靠攏。

這一點也適用於企業。

一間公司成長得越快，它的產品在消費者之間就越受歡迎。反過來說，一間公司成長得越慢，就代表它的產品在消費者間越不受歡迎。

舉例來說，假設通用磨坊（General Mills）上一季的銷售成長了一〇%，而家樂氏在同一季只成長了二%。在這種情況下，你就知道消費者比較喜歡通用磨坊，特別是連續好幾季都出現這種趨勢時更是如此。

所謂理想的公司，就是營收與營收成長都高於競爭對手的組合，不僅賺到的營收比競爭對手更多，而且銷售成長速度也比對手快。

這類型的公司正在創造比競爭對手更好的產品。這就是我們能從財報中讀出的財務故事。

舉例來說，沃爾瑪符合這兩項標準。營收比目標百貨高（沃爾瑪營收為六千七百億美元，目標百貨為一千零七十億美元），而它的營收成長速度也更快（沃爾瑪每年成長約五%，目標百貨約一%）。所以很明顯，消費者比較喜歡沃爾瑪的購物體驗。

這種想法聽起來很明顯，卻不是普遍投資人擁有的常識。像我們這樣的散戶投資人，很少從收入資料中提煉出這類商業見解。

通常，一般散戶會注意到某間公司的營收為七十億美元，然後發現該公司營收成長了一五％，但他們從不把這些財務資料轉化為見解。他們從不把這些數字轉化為能描述公司狀況的句子。他們不會說：「七十億美元的營收比起競爭對手來說並不多，因此這間公司可能沒有創造出有吸引力的產品。」

你有沒有把公司營收，與消費者對產品的熱愛程度之間做出連結？

如果你的答案不是「一直都有」，那現在就該開始這麼做。

根據銷售量與成長來推論公司的「顧客著迷程度」，然後投資於那些真正在顧客身上投入心力的公司，將你的獲利潛力最大化。

銷售成長不會告訴你公司的財務健全狀況，它訴說的是吸引顧客的程度。

2. 聚焦於產業專屬指標

有兩間大型量販零售商，我們暫時稱為A公司和B公司。

A公司的獲利率是二．四％。

B公司的獲利率是六．六％。

根據這些資料，大多數人會得出以下結論：B公司的品質比A公司更高。畢竟B公司的獲利率幾乎是A公司的三倍，所以它一定有某些做得很對的地方。

但這個結論是完全錯誤的。

A公司（獲利率為二．四％）是沃爾瑪。

B公司（獲利率為六．六％）是目標百貨。

按邏輯，我們都知道沃爾瑪比目標百貨更強大。但是根據獲利率的資料，目標百貨看起來比沃爾瑪好三倍。這是怎麼回事？

其實獲利率並不是衡量零售業成功與否的有效指標。在零售業中，公司會盡可能為消費者提供最低價格。因此，零售業的獲利率低是很正常的事。所以在零售業中，獲利率低並不表示公司經營不善。這並不代表沃爾瑪比目標百貨失敗。

這表示沃爾瑪正在有效執行其商業策略（成本比對手更低）。也就是說，獲利率不是一個適合用來評估零售業績效的指標。

另一個較好的指標是「存貨週轉天數」（Days Inventory Outstanding），這衡量的是零售商賣出庫存的速度。

我們可以看到，在存貨週轉天數方面，沃爾瑪的表現優於目標百貨。沃爾瑪只需要四十一天就能賣完其庫存，而目標百貨則需要六十一天。換句話說，消費者更快就買走沃爾瑪貨架上的產品。

這正是我想要強調的重點：**如果你不了解財務指標如何應用於特定產業，那麼這些財務指標有時可能會產生誤導性。**

這就像是你有了一個故事，卻缺乏正確的背景脈絡。

關鍵在於，永遠不要在不了解你研究的公司所屬產業背景的情況下，計算任何財務指標。

不要假設獲利率在零售業、保險業與餐飲業都一樣重要。不要假設股東權益報酬率對所有銀行、航空公司和製造商來說，重要性都一樣。不要盲目對所有產業套用相同的財務比率。

了解哪些指標才是關鍵最簡單的方式，就是在谷歌上搜尋：「○○產業的關鍵績效指標（key performance indicators）」。針對每一個產業，你都能找到不同網站，向你解釋哪些財務指標對某個產業來說真正重要。

我有一位讀者是一間資產數十億美元的投資公司的投資長，我們曾以電子郵件往來，我對他的投資哲學也研究得很透澈。我敢保證，他會做一件事，那就是：依賴產業特定的指標！

3. 對企業進行「壓力測試」

蒙格非常忙碌。他是巴菲特的左右手，協助經營標普五百指數中最大的公司之一——波克夏．海瑟威；因此，他的日程非常緊湊，必須明智地度過每一分鐘。

但他對「明智利用時間」的定義，可能會讓你感到驚訝。

有一天，他想知道通用汽車是否擁有強大的競爭優勢。你猜他做了什麼？

他讀了從一九一二年起一直到當代，通用汽車的每一份年報。在閱讀每一份報告的過程中，他觀察競爭環境的變化如何反映在財務資料上。舉例來說，他會觀察在本田與豐田等競爭對手施加壓力時，通用汽車是否能夠維持其獲利率。

他得出一個有趣的觀察結果：通用汽車在抵抗競爭壓力方面表現得相當不錯。因此，他決定為波克夏．海瑟威買進這間公司的股票。

對大多數人來說，閱讀一堆年報和財務報表聽起來可能很像是在浪費時間。但若使用得當，其實是非常有幫助，因為你能看出一間公司長期下來如何應對競爭壓力。

首先，選一個公司面臨重大競爭威脅的年分。也許是有新的競爭對手進入市場的那一年，也可能是競爭對手推出新產品的一年，或是某種新技術顛覆市場的時候。

第二，研究財務報表對此威脅的反應是什麼。當威脅出現後，公司的營收是否斷崖式下跌？獲利率是否縮水？還是公司依然維持原本的成長軌跡，彷彿什麼事都沒發生？或者更好的是，公司是否從競爭中學習，而且財務因此變得更強大？

在理想的情況下，你想要投資的公司在面對競爭威脅時，應該表現得彷彿什麼都沒發生。

幾年前，我想更深入了解迪士尼（Disney）的競爭地位。當然，我知道迪士尼是兒童娛樂產業中的市場龍頭。

但是我對競爭還是有所擔憂：「如果有誰想出更吸引小孩的電影該怎麼辦？」、「如果Disney＋無法與網飛競爭怎麼辦？」

說實話，關於投資迪士尼這件事，我有很多顧慮。

我決定利用財報來幫助我理解它的競爭力。我首先挑選迪士尼歷史上的幾個關鍵年分，例如二〇〇五年（YouTube 成立）、二〇〇二年（網飛上市）、以及二〇一七年（任天堂推出 Switch，這可被視為另一種娛樂形式的競爭者）。

我發現，即使孩子們面對各種娛樂替代品，迪士尼的財務仍然逐年穩定成長。自二〇〇二年以來，迪士尼的營收與營業利益幾乎每年都持續成長。

這讓我了解到，迪士尼能夠承受幾乎所有的競爭威脅。無論是像 YouTube 這樣的科技革命，或是像 Switch 這樣的替代產品出現，迪士尼依然持續壯大。最後，這讓我對它的競爭地位充滿信心。現在，當股價下跌到便宜的水準時，我希望能有機會買進。

我在大學最後一年，參加過一間資產超過十億美元的私募股權公司創辦人兼執行長的面試。面試最後，我問了他幾個關於投資哲學的問題。

他說的其中一件事就是他喜歡對企業進行「壓力測試」。他會觀察企業在不同壓力情況下，財務表現會有什麼樣的反應。

舉例來說，他會研究一間醫療保健公司的財務報表在新冠肺炎疫情期間發生了什麼變化。這能幫助他了解這間公司的經營團隊是否能夠應對不可預測的危機。在另一個例子中，他研究一間工業公司在二〇〇八年金融危機期間的表現，以判斷它未來是否能應對經濟衰退。

所以，請對企業進行壓力測試，研究不同的企業自成立以來，都是如何應對競爭壓力。你會從中獲得一些意想不到的見解。

本章是我將本書稱為自《智慧型投資人》以來，最具革命性的投資書籍的原因之一。這是極少數會談論壓力測試的書籍。老實說，這甚至是極少數會談論如何將數字轉換成故事的書籍之一！

財務分析的本質，是將數字轉換成關於公司的故事。

\ 致富思維轉變 /

舊觀點

1. 讀財務報表是為了評估一間公司的財務健全狀況。
2. 檢查財務指標是否合理。
3. 投資於營收成長強勁的公司。
4. 將相同的指標套用至所有產業。

新觀點

1. 讀財務報表是為了理解一間公司的故事。
2. 從財報中提煉出關於公司故事的見解。
3. 投資比競爭對手擁有更強營收及營收成長的公司。
4. 運用針對產業特性的指標。

#原則7　平衡成長與價值

最好的投資人會尋找成長與價值之間的和諧。

第九章

如何增加上漲空間並降低下跌空間

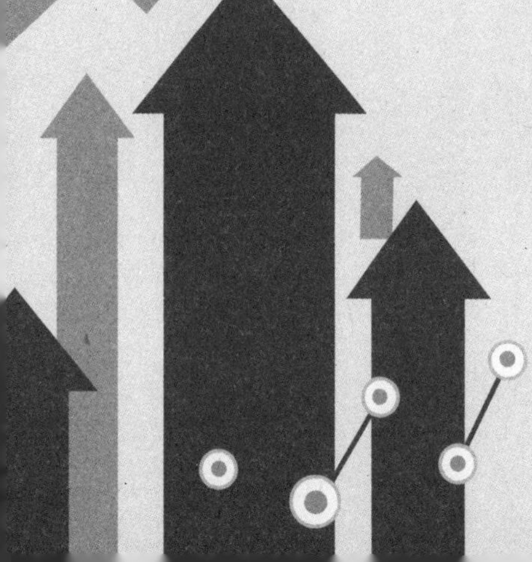

人們常說，要維持健康的生活方式就需要平衡。股票也不例外。你需要在成長與價值之間取得平衡，才能維持一個健全的投資組合。

這是所有成功的投資人都會做的事。

人們認為巴菲特是位「價值型投資人」，彼得・林區則是「成長型投資人」。但事實是，他們兩者都在成長與價值之間取得了平衡……將近十年前，我認為價值投資是「正確」的投資哲學，因為這是寫在葛拉漢所著《智慧型股票投資人》中的投資哲學。但是一段時間過後，一些相互矛盾的證據出現了。明確來說，很明顯世上最頂尖的價值型投資人同時也具有成長型投資人的特色。

泰瑞・史密斯被視為一名價值型投資人，但他也有成長型投資的特色（這也是他的著作《投資成長》書名的由來）。

彼得・林區被視為成長型投資人，但他也曾說過，他的投資組合配置在成長股上從未超過五〇%。

巴菲特顯然是以價值投資著稱，但如果你看看「巴菲特歷來最棒的三筆投資」（蘋果、穆迪〔Moody's〕與美國運通），根據投資資訊網站 The Motley Fool 的報導，你會發現他在投資這些公司時，它們都是成長股。

這個發現使我發展出「掌握這檔股」框架，旨在讓成長與價值股票都能得到應有的認可，當你用正確的方式對待它們時，它們都會讓你的銀行帳戶變得非常豐厚。

價值股的問題

創投投資人希望每筆投資都有上漲空間，他們希望某間公司能成為下一個亞馬遜。價值股的問題在於，大多數都是成熟企業。而這導致的結果就是——沒有任何上漲潛力。一間成立不久的公司可能會變成下一個谷歌，但像卡夫亨氏（Kraft Heinz，食品公司）這樣的價值股則不會。

彼得・林區曾說過：「一間公司多年來的盈餘變化與其股價變化有一〇〇%的關聯性。」這句話對股票而言大致成立。如果一間公司的盈餘成長了十倍，那麼它的股價也會成長十倍；如果一間公司的盈餘沒有成長，那麼股價也沒有成長的理由。

相較之下，成長股的盈餘以兩位數的速度成長。由於它們的盈餘成長更快，股價長期下來也有更多大幅成長的潛力。

正如林區所說：「你不能抱著週期性股票睡十年，然後期望能大賺一筆。成長股才會讓你賺大錢。」

如果你正在考慮買一間公司，而這間公司是價值股，你可能要再想一想。如果這支價值股沒有成長潛力，那麼它很可能沒有足夠的上漲空間來創造有利的風險報酬比。

我最近檢視自己的投資組合，發現表現最差的一些投資都是價值股。為什麼？因為它們沒有成長盈餘的上漲空間。相反的，我的成長股則表現最好，因為有大量的盈餘成長空間。但是成長股也有自己的風險，有時候最有前景的成長股會崩盤。

投資成熟企業很難致富，它們缺乏新創公司的上漲潛力。

極盛而衰的三間公司

全世界的投資人都聽過這三支成長股：Snapchat、超越肉類公司及Chewy.com。這些曾是近年來最有前景的成長股。Snapchat 是全球最大的社群媒體公司之一；超越肉類是最大的植物肉公司；Chewy.com 則掌控了線上寵物用品市場超過五一%的市占率。

投資人若想買進這些公司的股票，理由非常充分。

人們也確實投資了。Snapchat 的股價在疫情後幾年內飆漲七二〇%；超越肉類從每股六十美元飆升到上市幾個月後的兩百三十多美元；同樣地，Chewy.com 從最低點的二十二美元上漲至最高一百一十八美元。

但一件有趣的事實是：這三間公司沒有任何一間表現良好。

它們每一間目前的股價都遠低於其掛牌價。此外，它們的股價距離歷史高點至少都下跌了七五%。更糟的是，截至我寫下這段文章的時刻，Snapchat 和超越肉類甚至連每股盈餘都還沒有轉正。

這顯示了一個令人不安的事實：即使是最有前景的成長股，也可能最終一敗塗地。預測一間新創公司是否會成功非常困難。那些當時被人覺得是愚蠢點子的創業想法，最後往往容易獲得成功（如 Airbnb）；而那些大家一致看好會成功的新創，最後卻可能是災難一場（例如 Theranos〔按：美國私營公司，一度被外界吹捧是一家突破性的健康技術公司，後來被證明那些新創技術宣言全是謊言〕）。

成長股其實並沒有那麼不同。

就像新創公司一樣，成長股有很多未知變數。你不知道成長股是否會實現獲利。你不知道顧客是否真的喜歡它們的產品，也不知道它們是否有足夠的資金支持其成長。最後怎麼樣？成長股的成功可能完全無跡可循。

亞馬遜、谷歌和臉書成立初期都被認為不太可能成功，許多人說：「他們已經燒了幾十億美元。」「任何人都可以模仿他們的商業模式。」但這些公司最後卻成為這個世紀最成功的企業。

成長股特別危險的一點是，它們往往仰賴荒謬的預測哪天能成真，比如「〇〇公司終將成為業界最賺錢的公司」。

此外，投資成長股往往會伴隨大量未知變數。

當超越肉類公司上市時，投資它的誘惑非常大。大家都在談論該公司將如何引領肉品產業的未來。該公司在那斯達克上市首日就暴漲一六三%，成為當時街頭最火熱的上市案之一。

但我對於是否要買進感到猶豫。我問自己：「我怎麼可能預測這間公司是否會賺錢？變數太多了：公司的降低成本策略是什麼？規模經濟對降低成本有多重要？它需要賣出多少磅的產品才能打平？」

所以，我決定不長期投資。

時間證明，我的這個決定是正確的。現在這間公司虧損比以往任何時候都更慘烈。自股票掛牌以來，公司累積總虧損超過十億美元，而其市值卻只有區區四億美元。

但這也引發了一個重要的問題：如果成熟的企業因為缺乏成長潛力而沒有吸引力，而多數成長股又因為無法預測而同樣不具吸引力，那麼我們到底該投資哪一種公司？

成長股依賴的是未來的表現，而未來本質上是不可預測的。請小心。

買進已經成功的成長股

史密斯於二〇一〇年創立了自己的基金，名為Fundsmith。在他經營該基金的前十年內，其年均報酬率約為一八．四％，相較之下，MSCI世界指數（按：摩根士丹利資本國際編製的全球股票市場指數）的年均報酬率為一一．六％。這使他躋身全球最頂尖的投資人之列。

他成功的關鍵是什麼？答案是，投資於已經成功的成長股。正如史密斯所說：「事實是，我們並不試圖預測誰會成功，而是投注於已經成功的公司。」

不要預測哪間公司會成功，而是投資於已經成功的公司。

如果你想在股市賺錢，不要試圖預測哪支成長股會成為市場領導者。相反地，你應該投資於已經成功的成長股。

企業生命週期的概念指出，每間公司始終都處於三個生命週期階段之一：初創期、擴張期或成熟期。在初創期，公司正在探索其商業模式是否可行。它尚未擁有一個被驗證的產品，而且很可能還沒獲利。生技公司就是處於初創期的例子。

在擴張期的公司，則已經證明其商業模式行得通，且仍有大量潛力可以擴展銷售量。處於擴張期的公司範例是亞馬遜，它已經證明了自己的商業模式可行，但仍不被視為一間成熟公司，因為它仍有大量銷售成長空間。

最後，成熟期的公司有稱霸市場的商業模式。但與擴張期的公司不同，成熟期的公司已經追求了所有可用的成長機會。不再有機會進一步擴展銷售量。

現在我要問你一個問題：企業生命週期中的哪個階段，對投資人來說風險報酬比最佳？

答案可能不是第一階段。雖然投資於初創期公司的潛在報酬很大（假如一切順利的話），但位於此階段的公司也有著很高的風險。

答案也可能不是最後一個階段。雖然投資於成熟期的公司風險較小，因為它們是已被證明成功的企業，但這些公司的上漲潛力有限，因為它們已經沒有成長機會了。

那麼就剩下擴張期了，也就是公司從初創期轉變為成長期的階段。在這時，投資人可以最佳化風險報酬比。

處於擴張期的公司風險不高，因為它們已經證明了其產品和商業模式的可行性。但同時，它們仍有大量擴展銷售的機會，因為尚未完全開發市場。

如史密斯所說的，另一個對擴張期公司的稱呼是「已經成功的成長股」。這些公司已經走過初期階段，並發展出證明可行的商業模式（這就是「已經成功」這個說法的由來），但同時仍具備龐大的成長潛力（這就是「成長股」這個說法的由來）。

當史密斯在二〇一三年投資微軟時，它被視為一支擴張期的股票。當時微軟顯然不像其他大多數成長股那樣處於初創階段，而是全球科技龍頭公司之一；但同時，它也不是一支成熟的價值股，因為它仍有大量的成長潛力。因此，它是一支擴張期股票，而自史密斯最初投資以來，該股票已漲超過十倍。

當巴菲特在二〇一六年投資蘋果時，蘋果也被視為一支擴張期的股票。它不像典型的初創公司那樣，缺乏經證明受歡迎的產品；但同時，蘋果也不是一間已經耗盡所有成長機會的成熟公司。它處於中間的某個階段。

在尋找擴張期股票時，請問自己兩個問題。

第一：「這間公司有成長潛力嗎？」理想情況下，你應該投資於年營收成長率達到二位數的公司。若公司的營收成長不到二位數，就沒有足夠的成長潛力帶來強勁報酬。

第二，「這間公司是否已經稱霸其市場？」

只有當一間公司在所屬市場中有穩固的立足點時，才能視為處於擴張期的公司。如果缺乏穩固的市場立足點，它就仍會被視為處於初創期。

永遠不要投資於缺乏下列任何一項特徵的公司：持續的獲利紀錄、證實有效的商業模式，或是產品符合市場需求。如果一間公司缺乏任何一項，那它很可能仍是一間處於早期階段、尚在探索成功之路的公司。

永遠不要投資於年銷售成長率低於六%至八%的公司。如果營收成長速度比這還慢，代表該公司很可能是一家成熟公司，不具備上漲潛力。而結果就是，你不太可能從這間公司中獲得高額的報酬。

本書策略有四個明確步驟：如果你買進對的公司……用對的價格……把上漲潛力放到最大……還有管理風險，你就能在股市中致富。在前面三章，我們討論過如何判斷一間公司是否擁有強大的上漲潛力。接下來，我們將進入「掌握這檔股」策略的下一部分：管理風險。

投資於擴張期的股票——擁有成長跑道的市場領導者。

\ 致富思維轉變 /

舊觀點

1. 巴菲特是價值型投資人。
2. 價值投資是超越大盤的方法。
3. 成長投資是超越大盤的方法。
4. 成長比價值投資更好／價值投資比成長投資更好。

新觀點

1. 巴菲特做過最好的投資是成長股。
2. 成熟價值股的上漲潛力有限。
3. 初期成長股經常招致失敗。
4. 透過投資擴張期股票，可以平衡成長與價值。

#原則8　任何人都能選到十倍股

彼得．林區靠著價值成長十倍的股票賺錢。你也可以。

第十章

任何人都能選到十倍股的方法

人們認為，靠股市讓你的淨資產成長十倍是不可能的。但是我要告訴你，世界上最優秀的投資人——包括巴菲特、彼得・林區和尼克・史立普——已經掌握了挑選「十倍股」的方法。祕訣是什麼？就是投資具備成長跑道的優質公司。

當克里斯多福・邁爾（Christopher Mayer）不在銀行工作時，他也是一位對金融充滿熱情的人，經營著一份投資訂閱電子報。他有一套獨特的投資理念，受到《股市中的百倍報酬》（*100 to 1 in the Stock Market*）一書的啟發，他的投資策略是試著挑選百倍股——也就是那些價值可以成長一百倍的公司。

多年來，他的數千位訂閱者受到了他的「百倍股」理念啟發，決定試著自己挑選百倍股，且屢屢獲得成功。

以下是眾多訂閱者寄來的其中兩封電子郵件，告訴他關於百倍股哲學的成功事蹟：

> 大約在一九六九年至一九七〇年，當時西雅圖市中心的一個看板上寫著：「最後一個離開的人會記得關燈嗎？」（Will the Last Person Turn Out the Lights，按：當時西雅

圖經濟嚴重衰退，特別因為波音〔Boeing〕公司連續裁員，重創當地經濟，這塊看板嘲諷了當地經濟萎縮與人口外移的現象。）

我有一位朋友剛賣掉西雅圖一棟公寓大樓，稅後淨賺大約十萬美元。他認為當時波音的狀況已經壞到不能更壞了，便以每股九．五美元買進一萬股。大約十年左右，他每年收到的現金股利總和幾乎等於當初買入股票的總成本。由於這些年來的股利與股票分割，這無疑是一支超過一百倍的股票。我相信到了二〇〇二年，他仍未賣出任何一股。

身為有三十年資歷的積極型投資人與交易者，我逐漸意識到百倍股的策略與理念，才是人們終生投資該採取的方式。如果年輕時有人能提供適當的指導，讓我專注留在這條道路上就好了……。

如果我在起步時就知道這些，我現在不僅會更富有，這些年來我的生活品質也會大幅提升。

「任何人都可以投資到百倍股——而且很多普通人真的辦到了。任何人都可以找到這樣的股票——或至少找到非常接近的標的。畢竟，就算你只找到一支五十倍股，甚至只是一支十倍股，又有誰會抱怨？」邁爾說：「拜託，我認識的大多數投資人，幾年內資金能成長一倍就已經欣喜若狂了。」[5]

每當有人聲稱能幫助你賺取不切實際的報酬時，每個人的腦袋裡都會響起紅色警報。「這很有可能是騙局」是人們對這類聲明的直覺反應，而大多數的投資書籍也強化了這樣的思維。

事實上，幾乎每一本出版的投資書都聲稱「挑選十倍股」風險太高，應該避免這麼做。而這樣的說法並不太合理，畢竟眾多知名投資人正是靠著十倍股創造財富。

但是我想讓你挑戰跳脫框架，敞開心胸，接受在股市中獲得巨大報酬的可能性。事實上，這正是本書投資策略的關鍵差異，也是我持續宣稱這本書是自從《智慧型股票投資人》於一九五〇年代問世以來，最具革命性的投資書的原因之一。

只有本書聲稱，任何人都能安全挑選到十倍股。

為什麼？

因為這種事經常發生。

我在二〇一九年時以每股三十八美元的價格投資蘋果。這些股票到現在的漲幅已經超過五二〇％。短短幾年間，我的投資實際上增值了六倍。不久之後，我又以每股一百三十八美元投資臉書。在短短幾年內，每股價格上升至超過五百九十美元。

人們常抱怨超越大盤一％到二％都很困難。但我的投資已經大幅超越大盤好幾倍了。科技股上漲這麼高是否有運氣成分？也許是吧。但這不能否定一個事實，那就是，這些是明智投資決策。

如果我們仔細觀察就會一再發現，最優秀的投資人都是靠著選出能帶來十倍報酬的股票致富的。

5 邁爾聲稱，任何人都能挑出百倍股。我個人認為要選出百倍股相當困難，但我相信，任何人都能運用本書中的方法選出十倍股。

根據《富比士》的報導，彼得．林區在他十三年的投資生涯中，投資了十多支最終價值增加超過十倍的股票。他最著名的投資之一，就是早期投資 Dunkin' Donuts，讓他獲得了十到十五倍的報酬。

史立普的投資組合集中在三間公司上，這些最終都成為多倍股：亞馬遜至今成長超過一百倍；好市多目前增值超過四十倍；以及波克夏．海瑟威目前增值超過六倍。巴菲特最大的四項持股都是多倍股：蘋果至今獲利超過五倍，美國銀行獲利四倍，美國運通獲利超過四十倍，可口可樂則獲利二十三倍。

富豪並不是靠著每年只打敗標普五百指數一～二％致富的，而是靠著大幅超越大盤而致富。

你可能會想：「但是挑選十倍股不是風險很高嗎？大多數十倍股不都是曇花一現的科技或生技公司，漲得快也跌得快嗎？」

未必如此。

畢竟，我們都學過「高報酬等於高風險」。但只要你運用本書所介紹的策略，你就能找到十倍股並安全買進。而且它們可以在短時間內為你的投資組合注入強大動能。

當彼得·林區投資Dunkin' Donuts時，這已是當時全球最受歡迎的甜甜圈連鎖品牌之一，那間公司一點也不具投機性，但他仍從這支股票中獲得超過一〇〇〇%的報酬。

當約翰·聶夫（John Neff，美國著名投資人）投資於福特汽車公司時，福特是全國三大汽車製造商之一。沒有比這更具規模、更少投機性的公司了，然而，他在這支股票上仍獲得了超過五〇〇%的報酬。

當艾克曼投資於奇波雷（Chipotle）時，它已是最受歡迎的速食休閒餐廳之一。同樣地，這也不是仙股（penny stocks，按：市值跌至〇·一美元以下的股票，在臺灣又稱雞蛋水餃股），但他仍然從這支股票中賺取了超過六〇〇%的報酬。

這些投資人沒有選擇投機性的雞蛋水餃股，而是在一些最安全的公司中賺取數倍報酬，也許這些公司正是你要（或應該）納入自己投資組合的公司。

雖然你可以投資某些最終成長十倍的雞蛋水餃股，但這是一條通往災難的道路。訣竅在於選出那些也正好是安全公司的十倍股。

安全的十倍股確實存在。
你可以利用「掌握這檔股」策略找到這種股票。

找到你的十倍股

那麼，你要如何找到安全的十倍股？你如何知道哪些公司可以帶來兩倍、五倍甚至十倍的回報？你要怎麼知道哪些公司會倍數成長，哪些不會？

你還記得第二章提到的蓋瑞特先生嗎？答案就藏在他在二十世紀初實踐的一個簡單原則中。

我們把它拆解為四個策略：

1. 不要試圖預測下一個亞馬遜或谷歌，投資於具有長期成長跑道的優質公司。
2. 專注於容易成為十倍股的產業。
3. 尋找有生產力的公司。
4. 問自己：「這間公司有可能變多大？」

1. 不要試著預測下一個亞馬遜或谷歌，投資於具有長期成長跑道的優質公司

身為通用汽車的前公關副總和《紐約郵報》的前編輯，蓋瑞特先生並非來自金融或投資背景。

雖然在投資領域缺乏經驗，但他仍決定自己管理投資組合。不像典型的退休族群傾向於將資金投入於低風險債券組合，蓋瑞特先生認為，在他這個年紀最好的增值方式，就是投資於具有成為百倍股潛力的高速成長公司。

大多數投資人會試著預測，誰將會成為下一個可口可樂、通用汽車或奇異電器，這些都曾是最大的企業。

但是蓋瑞特先生一次又一次地見證，華爾街分析師無法準確預測企業成功這項事實，而他也不相信自己有能力預測哪一間小公司會成為下一個可口可樂。舉例來說，他曾讀到一篇報導指出，有一位華爾街分析師錯誤建議投資人賣出一間名為麥當勞的小公司，而這間公司最後成為美國最大的連鎖餐廳之一。

於是，蓋瑞特不再試圖預測下一個可口可樂會是誰，而是執行一個更簡單的投資策略：投資於具有成長空間的高品質公司。

就像一位觀察者所說：「他尋找的是擁有獨特產品、能以更好、更便宜和／或更快的方式完成必要工作的公司……並具備大幅且長期銷售成長的前景。」

在篩選過數千間公司後，蓋瑞特先生最終挑選了兩間具有重大成長潛力的優質公司。其中一間名為哈羅攝影器材公司，他在一九五九年以每股一美元的平均價格買進十三萬三千股。另一間是提詞機公司，他以每股〇．七五美元的平均價格買進五萬零八百股。

兩間公司的表現都非常出色。

哈羅最後更名為全錄。到了一九七九年，他的全錄持股由每股一美元上漲至超過一百二十五美元。

提詞機的表現也很出色。投資從每股〇．七五美元成長至超過每股三十美元。結果呢？他的投資組合價值成長至超過一千四百萬美元（換算成現今的價值則超過六千三百萬美元）。

蓋瑞特先生教我們在挑選十倍股時的一個重要教訓：任何人都可以透過投資具有龐大成長空間的高品質公司，而挑選到十倍股。

媒體總是推崇這樣的投資故事：一位散戶投資人拿幾千美元投入一支雞蛋水餃股，而這間公司其實就是亞馬遜，二十年後讓他的幾千美元變成超過百萬美元。

所以每個人都以為，挑選多倍股的方式就是預測哪一支雞蛋水餃股或新創公司，將會成為下一個亞馬遜或谷歌。人們以為需要一顆水晶球或神奇的直覺告訴他們：「這間小公司將來會成為名為蘋果的兆元公司。」

你不能用這種方式挑選多倍股。

首先，這種方式極度投機而且風險極高，而且幾乎不可能辦到。預測哪間公司會爆漲並不是件容易的事。

Y Combinator是全球最頂尖的創業加速器之一。他們早期投資過許多成功公司，包括Stripe（支付服務供應商）、Airbnb和DoorDash（美國網路訂餐外送公司）。簡單來說，他們以預測新創獨角獸企業而聞名。但即便是像Y Combinator這樣成功的加速器，在其投資標的中，能順利進入第一輪融資（A輪）的不到一半。

如果世界上最強的預測機器有超過一半的機率都失敗，你以為你能比他們更準嗎？

你應該做的是：買進有龐大成長空間的高品質公司。

請參考邁爾本人和他的百倍股電子報。他的一位訂閱者分享了一個故事，說明一位投資人是如何辨識埃克森美孚是具有成長空間的高品質公司，輕鬆使資產成長四百一十八倍：

「如果你覺得要達成百倍股這個目標是不可能的，那麼就想像一下，假設我小時候開始累積埃克森美孚的股票——這不需要什麼天賦，也不需要擁有選股的基因，只需要買入這間已經存續了百年的全球最大石油公司……只要閉上眼睛，一輩子持續買進就好了。沒有壓力，不會緊張，因為這間公司的資產負債表非常保守，也不搞高風險投資。那麼，一九七一年投入在埃克森美孚的一美元，今天會值多少？根據我的計算，超過四百一十八美元，而且這些年還能一直領取高額股利。」

他並沒有說選中埃克森美孚的關鍵，在於大膽預測它是否會成為石油巨頭。相反地，關鍵其實是辨認出這是具有成長空間的高品質公司。

彼得．林區是另一個例子。他創造了十倍股一詞，而且他或許是最擅長找到這類股票的人。

你想知道他發掘優質十倍股的祕訣是什麼嗎？那就是投資於符合兩項標準的公司。第一，它們是具有競爭力的企業，這可以從產品的品質看出來；第二，它們有大量的成長機會。

舉例來說，他早期投資玩具反斗城，完全根據以下兩點：第一，這是一間優質企業；第二，它有大量的成長潛力。彼得・林區說：「我們尋找具有某種獨特性的公司。一個例子就是我當初發現的玩具反斗城。當時他們只有七、八間店，但你會對自己說：『這個概念可以擴展到兩、三百家店。』」

你無法靠試圖找到下一個亞馬遜來致富。這太困難了。

---

2. 專注於容易出現十倍股的產業

大型上市公司無法再擴大市場占有率，所以它們唯一能夠成長十倍的方式就是身處於能夠成長十倍的產業中。

從一九七〇年到二〇〇九年，可口可樂的股價成長了超過六十倍，成為一檔非常成功的多倍股。但是有一個有趣的事實：在這段期間，它的市場占有率維持在四一・九%，沒有變化。

那麼它是怎麼成長六十倍的呢？答案是整個產業推動了它的成長。

平均每人的軟性飲料的消費量增加了一倍，而美國人口也成長了五〇%。事實上，產業成長的幅度大到即使可口可樂損失一半的市占率，它依然會是多倍股。

大多數人認為選出一檔十倍股就代表投資於一間能從競爭對手搶走大量市占率的公司。他們會想像，像特斯拉這樣的公司從通用汽車手中奪走大量的市占率。

但很多公司之所以成為十倍股，是因為它們剛好位在一個具有極大成長空間的產業裡。特斯拉或許並沒有從福特那裡搶走顧客，而是與福特共同成長，只是特斯拉的速度更快，因為它在那段時間成為更受青睞的汽車製造商。**某種意義上來說，選擇十倍股比較像是在投資「成長產業中的市場領導者」，而不是「小公司長成大公司」**。

以下是計算任何公司營收的公式：

營收＝產業規模×市占率

如果你希望等式中的營收能成長十倍，那麼等式另一端的數字也必須成長十倍，才能保持平衡。

但標普五百指數中幾乎沒有公司可以將自己的市占率成長十倍。標普五百中的企業大多是產業中的大型龍頭企業，市占率可能已經有二〇％、四〇％、甚至是六〇％。如果一間市占率為二〇％的公司成長十倍，它最終將掌握二〇〇％的市場，邏輯上來說這是不可能的。

相較之下，產業規模則有可能持續成長，因而拉高最終的總額。這表示你必須投資於有長期成長跑道的產業。這正是最優秀的投資人所做的事。

Y Combinator 的前總裁山姆・奧特曼（Sam Altman）說，他投資時比較重視成長中的產業，而不是成長中的公司：「我認為這其實與投資人在評估新創公司時，所犯下的最大錯誤之一有關。投資人總是問：『你的（銷售）成長率是多少？』如果市占率正在迅速成長，投資人就會忍受目前的營收還很小。

「但不知為何，人們不會這樣看待市場。但假如拿那些最重要的新創公司來舉例，它們通常是在非常小但快速成長的市場中起步。十一年前，iPhone 應用程式的市場規模是零，但現在已經非常龐大。

「如果你只看今天（的市場規模），可是犯下了很大的錯誤。你真正應該做的是找出一個每年都會成長的市場，然後搭上這部上升中的電梯。」

進入一個正在成長的產業吧，你不會後悔的。

致富，有時候就是選對產業、選對時間。

3. 尋找有生產力的公司

谷歌在一九九八年時還是一間由賴瑞・佩吉（Larry Page）經營的小公司，員工很少，剛進入搜尋引擎產業。

公司在這個領域非常成功，於是它開始進軍其他新產業。

二〇〇五年，谷歌收購了安卓（Android），進入智慧型手機市場。

二〇〇六年，谷歌收購了 YouTube，進入娛樂產業。

二〇〇八年，谷歌推出 Google 雲端平臺（Google Cloud Platform），進入雲端運算市場。

二〇一〇年，谷歌創立 Google X（按：現為X），進軍研發領域。

二〇二三年，谷歌推出名為 Gemini（按：前稱為 Bard）的平臺，進入 ChatGPT 所屬的新興市場。

現在的谷歌已是全球最大的企業之一。

有些公司之所以成為多倍股，純粹只是因為它們能在一個又一個市場中，取得主導地位。只要不斷找到新的市場可以進入，它們就擁有無限的上漲潛力。

當你投資於一間專注於單一市場的公司時，它的成長最終會停滯。可口可樂只專注於一個市場：軟性飲料。它只專注於這一個市場並不是理想的狀況，因為它的潛在成長空間就被整個市場的規模所限制。

搜尋引擎市場近年來的成長速度已經放緩，但是字母公司（谷歌的母公司）的成長卻沒有放緩。為什麼？因為它可以進入新的市場，讓公司的成長率維持強勁。

莫赫尼什・帕布萊（Mohnish Pabrai）是一位成功的投資人，從一九九九年到二〇一八年，他每年平均投資報酬率是一五・五%，而同期標普五百的年報酬率只有七・五%。他同時也是蒙格的摯友。

他過去遵循的是一種「菸屁股」（cigar butt）投資策略，這種策略是以極低的價格購買低品質的企業。但是最近他改變了自己的投資策略。他不再投資菸屁股，而是決定開始尋找十倍股。那麼，他尋找這些十倍股的新策略是什麼？答案是買進能夠持續進入新市場的公司，例如阿里巴巴、谷歌和亞馬遜。

只要擁有一間能夠持續拓展市場的公司，就能選到十倍股，這個觀念對帕布萊而言非常具有革命性，所以他把這稱為他過去幾十年投資生涯中的「兩次文藝復興」之一。

這個觀念對你來說也應該是革命性的。一開始拿起這本書時，你可能心裡在想：「選出十倍股的唯一方法，就是要有顆能預知未來哪些公司會成功的水晶球。」

跟著帕布萊的做法，投資於那些具有龐大成長空間，而且過去有成功拓展新產業紀錄的高品質公司。

這可能會帶來一支十倍股。就算沒有，這也能讓你持有一家好公司的一部分，這與本書策略一致。請記住，如果你買進對的公司……用對的價格……把上漲潛力放到最大……還有控制風險，你就能在股市中致富。

如果那間公司最終成為一支十倍股，那麼你的潛力將是無限的。

4.「這間公司能變得多大？」

你有沒有看過節目《創智贏家》（*Shark Tank*）？這是一個關於投資人買進初創公司股份的節目。觀眾會在節目中看到投資人如何做出決定，選擇他們想投資的公司以及背後的原因。

這個節目中有一位「鯊魚」（也就是投資人）很有名，因為他對每間公司都會提出同一個問題：「這間公司能變得多大？」這個問題幫助他思考，如果一切順利，潛在的上漲空間會有多大。

投資時問自己「這間公司能變得多大」，是衡量其潛在上漲空間的簡單方法。如果在你最瘋狂的想像中，你都能看到這間公司變成原本的十倍，那它很可能就具備成為十倍股的潛力。但如果即使在你最瘋狂的幻想中，它也無法成長那麼大，那你馬上就會知道，它在現實中永遠不可能成為一支十倍股。

不要再問自己：「風險有多大？」而是要問：「機會在哪裡？」

彼得．林區也在做同樣的事。他會評估一間公司能變得多大，以判斷它是否具有十倍股（或百倍股）的潛力。正如他在《彼得．林區選股戰略》一書中所寫：

「蘋果，無論過去有多大、現在有多強，都不可能從目前的程度成為百倍股。蘋果的市場估值為七千五百億美元。要獲得一百倍的報酬，它得成長到七十五兆美元。那比美國經濟總額還要大上四倍。它或許在一段時間內仍是支好股票，但到了某個時候，大數法則會開始對你不利。」

昨天，我在研究一間中國大型電子商務公司拼多多控股，這是中國市占率第三的電商公司。我不確定它還有多大的成長潛力，但是我問了自己一個問題：「這間公司能變得多大？」而我得出的結論是：「比現在大得多。」所以我就買進了，我預測在未來十年或二十年內，它會變得更大。

我曾提到過，華爾街上有幾位億萬富翁讀過我的書，包括霍華·馬克斯和比爾·艾克曼。他們這些億萬富翁有一個共同點，就是他們會投資十倍股。畢竟，他們就是靠這樣致富的！

任何人都可以挑到十倍股。

\ 致富思維轉變 /

舊觀點

1. 我不可能挑中十倍股。
2. 我要預測哪些公司會成功。
3. 我要找出會成為下一個亞馬遜的雞蛋水餃股。
4. 必須尋找具有爆發性成長潛力的公司。
5. 買入前，問自己：「風險有多大？」

新觀點

1. 那些最厲害的投資人，一直都能選中十倍股。
2 買進那些已經贏過一輪的公司。
3. 投資具有成長跑道的優質公司。
4. 在一個具有爆炸性成長潛力的產業中，找出好公司。
5. 買入前，問自己：「機會在哪裡？」

第四部

管理風險時……

#原則9　避開失敗的公司比挑選贏家更重要

致富靠的不是做好的決定——只要不做糟糕的決定就行了。

第十一章

如何看待風險

霍華・馬克斯在一九八〇年代中期加入TCW集團，負責經營該公司的不良債權基金。這在當時是第一批由大型金融機構推出的不良債權基金之一。

只是，有一個問題。

我們很難預測應該投資哪些財務陷入困境的公司（畢竟，預測哪些接近破產的公司將會復甦並不容易）。

於是他想出了一個有趣的解決方案。

與其試圖預測哪些公司會成功，他選擇避免投資倒閉可能性很高的公司。換句話說，他試圖避開輸家，而不是預測贏家。

他的策略表現得極為出色，因此公司拔擢他為投資長。根據《CNN Money》（按：現為《CNN商業》〔*CNN Business*〕）的報導，他後來募集了「史上最大規模的不良債權基金」，為投資人帶來了豐厚的報酬。

這些成功不是來自於預測贏家，而是來自避開輸家。

有個概念叫做「贏家遊戲」（winner's game）與「輸家的遊戲」（loser's game）。

贏家遊戲指的是透過「擊中贏面」來獲勝。舉例來說，在兩位頂尖網球選手之間的比賽，假如能打出對手接不到的球，那位精準擊球者將會勝出。

另一個則是輸家遊戲，指透過避免失誤來獲勝。我們可以把輸家遊戲想成兩位業餘網球選手之間的比賽；勝出的業餘選手並不是擊球最漂亮的人，而是避免出錯、能夠持續把球打回網子另一邊的人。

投資其實就是一場輸家遊戲。你超越他人的方式不是透過找到下一檔熱門股票，而是避開那些表現不佳的股票。關鍵在於持續不犯錯。

雖然馬克斯是透過在債券市場中避開輸家而致富，但你也可以將「輸家遊戲原則」應用到股市中來致富。

舉例來說，蒙格說，他之所以能致富，是因為他總是避免做出糟糕的投資決策（例如避免輸家）：

「驚人的是，像我們這樣的人，獲得的長期優勢來自試圖持續不做蠢事，而不是試圖變得非常聰明。反過來想，永遠要反過來想：把情況或問題上下顛倒來看。從反面思考，如果我們所有的計畫都失敗會怎樣？我們不希望走到哪裡？要怎麼樣才會到達那裡？與其尋找成功的方式，你應該要做的是列出如何失敗的清單。」

或者參考一下查理・艾利斯（Charlie Ellis）的情況，他是一名的投資顧問，創辦了金融機構諮詢公司格林威治公司（Greenwich Associates），後來獲得了葛拉漢與多德獎（Graham & Dodd Award）。

他表示，成功的投資關鍵在於避開輸家，而不是挑選贏家：

「真正強大的防守會讓進攻變得輕鬆。在投資管理中，多數的麻煩並不是因為你離出色的投資表現只差一點。而是因為你犯了錯。懂得如何挑選，你就可以避免犯錯。」

致富靠的不是做好的決定——只要不做糟糕的決定就行了。

你的投資目標不是選出會打敗大盤的股票。

你的目標是避開那些可能表現不佳的股票。

你的目標不是預測哪一間公司會成功。

你的目標是避開那些可能失敗的公司。

你的目標不是找到具備正面特質的股票。

你的目標是找到那些不具備負面特質的股票。

問問自己：「這間公司有什麼問題？我為什麼不該投資它？這間公司目前的股價是否太貴？公司是否缺乏競爭優勢？經營團隊是否缺乏能力？」

如果你找不到任何這間公司的負面因素，那它就不太可能是個輸家。

所以別再問自己：「為什麼這是一間好公司？我為什麼該投資它？公司的股價是否便宜？是否擁有強大的競爭優勢？是否有優秀的經營團隊？」

這些問題代表你在試圖挑選一家成功的公司。

唐納・川普（Donald Trump）透過房地產投資成為億萬富翁，在從政之前，那是他的發跡之道。

在他的著作《交易的藝術》（*The Art of the Deal*）中，他寫下在投資與人生中最重要的風險管理原則之一：「只要保護好下跌風險，自然會有上漲的空間。」無論你是否喜歡川普，這是在挑選股票時絕對值得遵循的一句話。只要你確保自己的股票不會賠錢，它終究就會開始賺錢。這也許是整本書中最重要的教訓之一。

自從《智慧型投資人》於一九四九年出版以來，很少有投資書籍談論到避開賠錢股的重要性。這也是我寫這本書的原因之一——幫助世人理解，在股市中致富的方式不是挑選成功的公司，而是避開失敗的公司。

以下是幾個避開失敗的公司的建議：

1. 認清大公司不等於安全的公司……
2. 永遠不要投資於暴露在「尾端風險」之下的公司。

1. 大公司不等於安全的公司……

……所以即使是對最有競爭力的企業，也要採取過度悲觀的態度。如果你對最安全的公司都總是保持悲觀，那你幾乎永遠不會做出糟糕的投資決策。糟糕的投資決策多半出自過度樂觀的投資人。但從來沒有人因為過於悲觀，而做出不當的買賣決定。

GoPro 在二〇一六年是最受歡迎的股票之一，其股價在短短幾個月內從每股八美元漲到十七美元。但是上市後卻很失敗，因為股價暴跌超過七〇%，然後市場的說法改為 GoPro 即將反彈。

每個人都喜歡投資當時最流行的消費性產品，因此，許多家人朋友都建議我買進這支股票。他們說：「這間公司超棒的，成長軌跡非常漂亮，哪能出什麼問題？」

但我仍保持悲觀的態度。我問自己：「它的競爭優勢會不會不夠強？消費者是否可能沒那麼喜愛這項產品？我怎能確定這間公司真的會像大家想的那樣快速成長？」

最後我決定不買進，因為風險太多。而現在，這個決定已經被證明是正確的。在接下來幾年，GoPro 的股價下跌至僅剩一美元，從高點蒸發了超過九〇%的市值。

從來沒有人因為「太悲觀」而做出糟糕的投資。

對每一個投資機會都要進行「災難化思考」。這就是你領先別人的方法——想像出對該公司最糟糕的情況：一個具破壞性的競爭者進入市場、生成式ＡＩ改變了產業、執行長過世，或競爭對手推出了更好的產品。

接著，你要問自己兩個問題：「第一，這種情況是真的可能發生，還是太過天馬行空？第二，如果這個利空事件真的發生了，我是否仍願意持有這間公司？」

如果你正考慮投資谷歌，那就想像一個場景，一間新創公司（如 OpenAI）創造出一個更好的搜尋引擎版本；如果你正在考慮投資可口可樂，那就想像一種新的軟性飲料上市，更好喝也更健康；如果你正考慮投資埃克森美孚，那就想像一個場景，英國石油公司找到以更低的成本提煉石油的方法。

最保守的風險管理哲學是：
對可能發生的最糟結果，一點也不感到擔心。

套用前面提到的問句，詢問自己以下問題。

問自己：「一間新創公司真的有可能創造出比谷歌更好的版本嗎？如果真有這樣的公司出現，我還會願意持有谷歌嗎？」

問自己：「百事可樂真的可能創造出比可口可樂更好的飲料嗎？如果百事真的開發出更好的軟性飲料配方，我還會願意持有可口可樂嗎？」

問自己：「英國石油真的可能會開發出比埃克森美孚更便宜的開採技術嗎？如果英國石油建立了低成本優勢，我還會願意持有埃克森美孚嗎？」

2. 絕不要投資暴露於尾端風險的公司

巴菲特對於風險的態度滿有趣的。很多人認為巴菲特討厭冒險。舉例來說，他在投資時總是會留下巨大的安全邊際，以防萬一出現差錯。他不投資現在的科技巨頭，因為他認為它們太難預測，包括 Meta、Netflix 和谷歌。他不會貿然投資某個機會，除非他百分之百確信這項投資真的沒問題。

但有趣的是，巴菲特其實是一名冒險家。至少根據他的年度致股東信，他說自己「相當願意接受巨大的風險」。

但是有個前提。他只會在一種情況下接受這些巨大風險：無論他持有的股票或保險業務發生什麼事，波克夏．海瑟威都不會破產。

「我們很願意接受巨大的風險。事實上，與其他保險公司相比，我們更常承保那些與單一災難性事件相關的高額保單。我們也持有一個龐大的投資組合，其市值在特定情況下可能會急遽且迅速下跌（就像一九八七年十月十九日那樣）。但是不管發生什麼，波克夏都擁有處理問題所需的淨值、收益來源和流動資金。其他任何方式都很危險。多年來，有許多非常聰明的人透過慘痛教訓學到：一串亮眼的數字只要乘上一個零，結果永遠是零。這不是我想親身體驗的方程式，而且我更不想要承擔把這個後果加諸他人的責任。」

這正是你對於承擔風險應該有的態度。承擔風險是可以的，但永遠不要承擔可能讓投資歸零的風險。永遠不要暴露在機率低但嚴重性高的風險中，這種風險可能讓你或你的公司破產。

學會對承擔風險感到處之泰然——但不要承擔可能毀掉一切的風險。

不會讓你破產的風險沒關係，但尾端風險（tail risks，按：極端事件出現的風險）就不行。

把你的精力放在研究公司是否暴露於重大尾端風險上。這種風險包括：

- 競爭對手推出更好的產品。
- 公司借了太多錢。
- 新創公司顛覆了產業。

別擔心那些不會讓公司破產的風險，諸如經濟衰退、利率變動和政治事件，這些並非關鍵。一般來說，企業不會因為這些原因而倒閉，所以這些不是需要優先考慮的風險。不過，即便只是暴露於一點尾端風險的公司，也絕對不要投資。

你的銀行帳戶會感謝你的。

正如巴菲特所說：「一串亮眼的數字乘上一個零，永遠等於零。」

不要虧損。要悲觀。選擇正確的風險。

＼ 致富思維轉變 ／

舊觀點

1. 我要挑選贏家。
2. 我要追求上漲空間。
3. 我必須避免風險。

新觀點

1. 我要避開輸家。
2. 「如果你能保護下跌風險，自然就會有上漲的空間。」
3. 接受「巨大風險」是投資的一部分。
   但是不要接受尾端風險。

#原則10　什麼事都不要做

每次賣出就會打斷複利效應。所以，什麼事都不要做就對了。

第十二章

絕對不要停利

一九三〇年代，一位女士擁有一家肥皂公司。她住在鎮上地段最好的豪宅裡，是鎮上最富有的人之一。當時，她有三十萬美元的現金存在銀行裡，這在那個時代是非常大的一筆錢。

她管理自己投資組合的方式很不尋常。不同於那些在華爾街頻繁買賣的交易員，這位女士並不這麼做。她決定把所有的錢投入五間高品質的公司——例如奇異電器、陶氏化學（Dow Chemical，跨國化學公司）和杜邦（DuPont，世界排名第二大的美國化工公司）——並且持有這些公司直到生命的終點。

不再購買新的公司。

不賣出任何已持有的股票。

就這樣，她終生只持有這五家公司。

等到她五十多歲過世時，她的投資組合從三十萬美元增值到超過一百五十萬美元。以今天的貨幣價值來看，大約是一千五百萬美元。這比大多數財務顧問能替她賺到的錢還要多。

她能這麼成功，都來自一個簡單的策略：「買進少數優質公司，然後持有到死。」

我則喜歡說，這一生最好「什麼事都別做」。

又如蒙格談到這位女士時所形容：「她只是全押進去，然後就坐著不動。」

試想一下，如果貝佐斯過去二十年，將自己的財富配置做了不同的選擇會怎樣？假設他不是把所有的錢都放在亞馬遜，而是每年減持五％股份，會怎麼樣？

在一九九七年時，根據《富比士》的資料，他持有約四〇％的亞馬遜股份。

但到了一九九八年，我們假設他只剩下三五％的持股。

然後一九九九年變成三〇％。

二〇〇〇年變成二五％。

然後到二〇〇五年就完全清倉了。

這樣下來，他今天的淨資產可能還不到五十億美元。

五十億美元雖然是不錯，但跟他現在擁有的近兩千億美元相比就微不足道。

這就是「成為全球首富」和「一個沒人聽過的億萬富翁」之間的差別。

這說明了本書策略中的一個重要教訓：投資成功有一部分在於選對公司，另一部分則在於選對之後「什麼事都不要做」。

現實生活中，人們會願意在一些財務決策上長期承諾。學生會花四年時間去完成大學學業；創業者會花十年把一個失敗的新創公司變成非常成功的企業；買房者會花三十年去償還房貸。

但持有一間世界級公司十二個月，卻沒有人願意做。

人類沒有耐心。人們願意承諾繳房貸三十年，卻做不到持有股票三十天。

大多數人都搞錯了。他們以為在股市裡要「買進與賣出」。但事實上，股票市場是關於「聰明買進，然後坐著等」。

這也許就是為什麼世界級的投資人會比普通投資人成功得多。普通投資人平均持有一家公司約十個月，而大多數世界級投資人會長期持有股票。

一九六四年，巴菲特投資於美國運通，這是信用卡產業的龍頭。它的品牌影響力堪比世界上一些最具代表性的品牌，包括耐吉和麥當勞。

接下來的幾十年，巴菲特有很多機會可以賣出這檔股票。在一九九〇年代初，當美國運通的市占率被威士和萬事達卡蠶食時，放棄這檔股票是很誘人的選擇。在網路泡沫期間，美國運通的股價暴漲了三倍，也很讓人想實現獲利。在二〇〇八年的金融危機使投資人十五年的報酬幾乎完全消失，那時候放棄它的誘惑也很強烈。

但巴菲特從未賣出。不管市場發生什麼事，他「什麼都不做」，因為他知道這是一間高品質的公司。

最後證明這是非常不可思議的決定。他在一九六四年買進的美國運通股票至今已經上漲超過三七八七四六四％，而標普五百指數則是上漲了二四七〇八％。能賺到百分之三百多萬的報酬率，不是很多人能想像的。而這這些成功全都來自於有紀律地「什麼都不做」。

史密斯曾說：「在某種程度上，什麼都不做是投資中最難的部分。」他說得沒錯。即使是世界級的投資人，如果你回顧他們的紀錄，也會發現他們一些最嚴重的錯誤來自於沒有實踐「什麼都不做」。

在一九九〇年代中期，巴菲特買進了麥當勞四．三%的股份，這在當時是連鎖餐廳業龍頭。這可能也是他最喜歡的餐廳之一，因為他習慣每天都吃那裡的豬肉滿福堡。

但是在持有該股幾年後，巴菲特開始動搖了。股價在幾年內已經上漲了約五〇%。此外，麥當勞正面臨來自漢堡王的激烈競爭，使得未來的成長變得不確定。

於是，巴菲特在一九九八年賣出了這檔股票。

隔年，這檔股票又上漲了約九〇%。巴菲特被迫向股東承認這是一個「非常大的錯誤」，他說：「我會說這個決定讓你們少賺了，嗯，差不多超過十億美元。」

如果巴菲特當時「什麼都不做」，一直持有麥當勞的股票到今天，那麼它的價值將成長八倍，而標普五百指數同期只成長了五倍。事實上，他的麥當勞持股績效甚至會比他持有的其他許多股票還要好。

巴菲特選對了公司，也在正確的價格買進。但他還是錯過了超過十億美元的獲利，因為他沒能「什麼都不做」並持有股票。

我能理解，耐心真的非常不容易。那麼，作為投資人，我們該怎麼做呢？

我提議一個兩步驟的流程：

1. 每隔幾年買進一支股票。
2. 保持觀望，直到你找到另一間出色的公司。

投資有三個步驟：一、買進；二、持有；三、什麼都不做（人們常常忘了第三步）。

---

1. 每隔幾年買進一檔股票

剛開始投資時，我對股市感到非常興奮。我幾乎每週都有新的投資想法。今天是蘋果，明天是3M，後天是亞馬遜，我腦中總是充滿了各種投資靈感。因此，我養成了頻繁買進股票的習慣。

但在閱讀《智慧型投資人》後，我了解到，投資人應該將買股票視為買進企業的一部分。

這讓我了解到一件很有趣的事情。

在現實生活中，人們其實不常買下一間公司。

貝佐斯在一九九四年將資金投入創辦亞馬遜。六年後，他將部分資金投入藍色起源（Blue Origin，私人航太公司）。十三年後，他將部分資產分配到《華盛頓郵報》（*The Washington Post*）。再過八年，他又投資了一間名為 Altos Labs 的新創公司。

在他的個人投資組合中，他每隔幾年才會把資金投入一個新的商業構想。

我心想：「何不把貝佐斯的投資方式應用到股市上呢？何不每隔幾年才買一支股票，就像他每隔幾年才投資一間新公司一樣？」

這或許是我做過最好的決定之一。這讓我能夠將投資組合集中在最好的投資機會上。現在我的投資組合匯聚於幾個大贏家，並預期未來會更加集中。

如果你想要一個充滿贏家的投資組合，你應該每年最多只買一支股票，而不是每幾週就買一支。

想像有兩位投資人。

第一位投資人的策略是：每個月買一支股票。一月投資谷歌，二月投資蘋果，兩年之後，他將擁有二十四間不同公司的股票。

第二位投資人的策略稍有不同：每兩年才買一支股票。他也許會研究數百支股票，但只會出手買進那個最有潛力的想法。

你覺得哪一位投資人的績效會比較好？答案可能是第二位。這位投資人只關注市場中最好的機會，因此能帶來卓越的報酬。

所有成功的投資人都會等待很久才做出投資決策。

史立普在經營其基金的十三年，只做了三項重大投資決策。這代表平均每過四．三年，他才做一筆重要投資。

巴菲特曾說，他平均每兩年才做一次重大投資決策。

根據一個消息來源，蒙格在經營《每日新聞》（*Daily Journal*）投資組合的期間，十三年內只買過不超過八間公司。這代表他平均每一・六年才買進一間公司。

大多數投資人都想馬上買股票。在讀完這本書後幾天內，大多數人已經知道該買哪一支股票了，但最成功的投資人並不是這樣。

他們會花好幾年等待一個投資機會。

巴菲特每兩年做一次重大投資。你不需要很常買股票就能致富。

我要給你一個挑戰：在讀完這本書後，試著像蒙格一樣等待一・六年，或是像巴菲特一樣等待兩年，才買進你的下一支股票。或更好的是，試著像史立普一樣，等待四・三年才出手。

有件事可能會讓你感到很意外：我並不密切關注市場。你可能以為我是那種像老鷹一樣緊盯市場、閱讀每一篇新聞、時常重新評估投資組合的人。但事實正好相反。

我對市場的關注比你想得還要少得多。我大多把時間花在生活中真正重要的事上——人際關係、職業目標與教育。我知道我不需要每天、甚至每個月都盯著市場，因為我只需要每隔幾年找到一個投資機會即可。

我上一次買股票是在二〇二三年。而再之前是在二〇二〇年的新冠疫情股災期間。我不常買股票，因為你需要等待好幾年來鎖定真正重要的機會。

在股市致富的方式是「什麼都不做」，長時間等待，讓你的資金自己複利成長。

---

2. 保持觀望，直到你找到另一間出色的公司

不久前，我看了一下我的銀行對帳單。

說實話，我感到有點失望。

過去四年來，我將大量資金存在銀行帳戶中，等待把錢投入股市。

然而，這些錢大多最終沒有被投入股市。

這表示在這四年內，我的錢只賺了〇．〇一％的利息，而不是原本如果投入股市可能賺到的近七〇％報酬。

我說：「我為了等待正確的投資機會所付出的耐心，代價是很大的。」

從那時起，我改變了自己的投資哲學。我不再把多餘的資金留在存款帳戶中，而是投入標普五百。畢竟，如果你預期要等待幾年才找到適合的投資機會，讓現金跟隨市場成長，總比賺〇．〇一％利息要來得好。

很多人傾向於將資金存在銀行帳戶中，直到他們找到正確的投資機會。這在邏輯上似乎是存放資金的好方式。

大部分的時候，把錢存在銀行帳戶並沒有什麼問題。你把錢存入銀行帳戶，暫時賺個〇．〇一％的利息，一旦找到投資機會，就開始賺雙位數的報酬率。

理論上，事情應該這樣運作。

但你大概也猜到了——現實並非如此理想。

如果你耐心等待數年才找到合適的投資機會，讓現金留在銀行帳戶可能會讓你錯過幾年的市場成長。我錯過了四年的市場成長與七〇%的報酬，只因為我的現金在銀行帳戶裡閒置不動。但是我應該在等待期間將資金投資於標普五百。

這甚至可能是巴菲特也曾犯下的錯誤。

在一次波克夏·海瑟威的股東大會上，有人指出他的投資哲學中可能有一個缺陷。他指出，如果巴菲特當初將閒置資金投入指數基金，而不是保留為現金，現在可能會更富有：

> 華倫，你是指數投資的大力擁護者……但你讓波克夏持有這麼多現金與國庫券，在我看來，你並沒有實踐你所宣揚的做法。我認為，有一個不錯的替代方案是：在你找到吸引人的併購機會或實施庫藏股之前，將波克夏大部分的閒置現金投資於一個多元化的指數基金。如果過去十五年來你這麼做——前提是仍保留你想要的兩百億美元現金緩衝

——那麼我估算，到二〇一八年底，公司持有的一千一百二十億美元現金、現金等值資產、短期投資與國庫券，應該會變成約一千五百五十億美元。

巴菲特的回應是，他承認將資金投入指數基金可能確實是更好的選擇：

這是一個非常合理的問題，我不會與數字爭辯。我會說，這確實是一種替代方式，例如，我的繼任者可能會選擇這樣做。因為整體來說，我寧願持有指數基金，也不想持有國庫券。

在等待正確的投資機會時，與其持有現金或債券，不如將資金投入標普五百指數。

最好的投資決策，就是等待正確的機會。

\ 致富思維轉變 /

舊觀點

1. 每隔幾個月就買進一支股票。
2. 把所有資金全部投入市場中。

✕

新觀點

1. 每隔幾年買一支股票。
2. 保持觀望，直到你找到一間優秀的企業。

○

#原則11　專注

向數百筆好的投資機會說「不」。

第十三章

何時該放棄一個不錯的投資機會

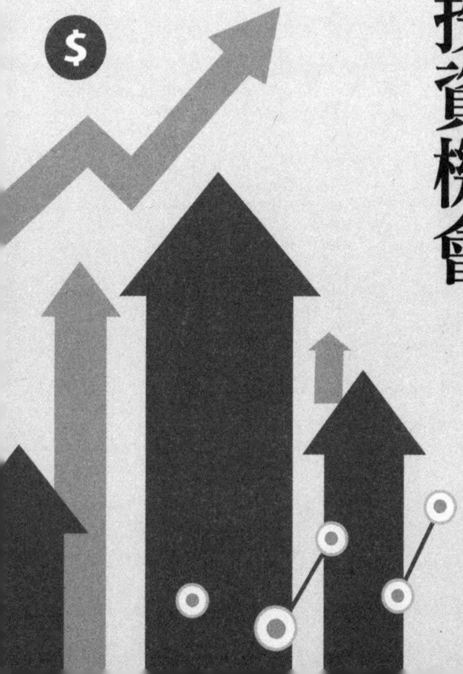

曾經有一個人，完全沒有金融背景。他在大學主修地理，畢業後在一間資訊公司工作。他完全沒有任何能在華爾街成功的理由。

但大約在二〇〇一年，他與一位朋友一起成立了自己的基金。當他成立基金時，他並沒有什麼厲害的策略，能把他的基金變成下一個城堡投資（Citadel）。相反地，經營基金對他而言是一個「實驗」機會，用來檢驗能如何從股票中賺錢。

他做了一件相當有趣的事。他每天來到自己的小辦公室，把腳翹在桌子上，整天只研究兩間公司。隔天，他又來到辦公室，把腳翹在桌上，一整天只研究兩間公司。他就這樣一次又一次地重複做著同樣的事情。

十年過去了，他已經研究過超過七千三百間公司。但你想知道這麼多公司中，他的基金長期持有了幾間嗎？

三間。這大約是他所研究公司數的〇．〇三％。換句話說，他拒絕了大約九九．九六％的投資機會。

這是一種相當奇特的投資方式，因為他拒絕了許多看似不錯的投資機會。

微軟……不投資。

蘋果……不投資。

網飛……不投資。

他也認為其他幾十間《財星》（*Fortune*）五百大公司不夠好，不值得投資，包括谷歌、沃爾瑪、波音、威訊（Verizon，美國電信業者）、通用磨坊和輝瑞。

但正是因為他設下了這麼高的投資門檻，讓他投入這十年最好的幾項投資機會。具體來說，是亞馬遜、好市多與波克夏·海瑟威。只靠持有這三間公司長達十年，這位名叫尼克·史立普的資訊科技從業人員，達成了每年二〇%的報酬率，使他達到與巴菲特相當的層級。

他有那種集中精神去一再深入研究，然後才採取行動的能力。

賈伯斯曾說：「人們以為『專注』指的是去接受你該專注的那件事。但其實不是這樣。**真正的專注，是拒絕數百個不錯的想法。**」

標普五百中有五百間不同公司，這些都是全球最成功的公司之一。但你必須願意拒絕其中四百九十間公司，只專注於那十間最出色的。

你必須願意拒絕標普五百中的四百九十檔股票，
才能專注在那十檔最好的股票上。

這正是所有世界級投資人的做法。

在史立普投資了他的三大持股（亞馬遜、好市多和波克夏．海瑟威）之後，他開始尋找另一間公司以加入他的投資組合。他花了十八個月的時間，閱讀了超過一千份年報，並訪談了超過三百位不同的高階主管。

我只能猜測他研究了哪些公司。但我想，他應該研究了許多家領先企業，例如微軟、禮來製藥和可口可樂。

你能猜到他在十八個月的研究之後，買進了幾檔股票嗎？

沒錯，答案是一檔也沒有。

在那數百間公司中，沒有一間比他現有持股的公司更好。所以他就一檔也沒買。他將投資組合維持在原本的持股，因為他認為那是任何人所能買到最好的企業：

「在這十八個月內，我和扎克（Zak，按：指奎亞斯．扎卡里亞〔Qais Zakaria〕，史立普的搭檔）在股市的殘骸中搜尋（大約讀了一千份年報、造訪了三百間公司），我們有四個主要選擇：加碼現有持股、投資新公司、投資成長型企業，或是投資『菸屁股』。我們毫不懷疑地選擇我們現有的企業，放棄了其他的選項。」

專注，就是拒絕「不錯的投資機會」，以專注於那些真正重要的少數機會。

以下是拒絕「不錯的機會」，並專注於真正重要少數機會的幾項建議：

1. 專注於「質」的安全邊際，而非「量」的安全邊際

我十六歲時讀了人生中第一本關於投資的書：《智慧型股票投資人》，前面提過，作者是葛拉漢。如果你想學習投資，幾乎所有人都會推薦你這本書。

在這本書中，有一個讓大多數讀者產生共鳴的觀念，就是「安全邊際」（margin of safety）。它的意思是你應該給自己留一點犯錯的空間。假如你認為某支股票值十美元，那就不要花九．九美元去買，而是應該留下一些犯錯空間，只願意用兩美元去買那支股票。

當我第一次學到安全邊際這個觀念時，我感覺就像是中了頭獎。巴菲特曾說，這是《智慧型股票投資人》中三個最重要的概念之一。所以我當時覺得自己已經掌握了成功投資的其中一個關鍵。

但是在實際操作時，我發現這個概念很難落實。

我從來沒有發現一支價值十美元的股票，實際上交易價卻只有兩美元。

這種情況根本沒發生過。

自從《智慧型股票投資人》出版以來，市場已經發生了巨大變化。一九四九年時，有數百檔股票的交易價是其價值的一半。但是現在的市場變得更有效率，因此很難再找到這種有巨大安全邊際的交易機會。

我後來發現比較有效的方法，是投資於具有「質」的安全邊際的公司。也就是說，只投資你對品質絕對有信心的公司。

安全邊際有兩種方式：第一種是量化（quantitative）的安全邊際。意思是你為買進企業的價格留下錯誤空間。假設你認為某間公司價值十美元，那就留一點空間，只願意以五美元買進。這就是葛拉漢在一九五〇年代所提倡的方法。

第二種則是質化（qualitative）的安全邊際。假如你對一間公司的品質有絕對的信心，即使你的判斷有小誤差，這間公司仍然足夠優秀時，就可以果斷做出投資決策。現在的市場環境中，你需要的是「質化」而不是「量化」的安全邊際。現在幾乎不可能再找到五折的股票。但你可以找到那種你絕對有信心它會成功的公司。

正如巴菲特所說：

「我們的安全邊際不在於付出的價格，而是在於我們是否幾乎可以確定，所投資的公司擁有持久的競爭優勢。因此，我們的安全邊際比較在於質化的特性，而不是你可能理解的、根據葛拉漢標準的量化。」

好的投資，說到底就是擁有巨大的質化安全邊際。

2. 每年只專注於你最棒的一個投資想法

一般人的財務壽命大約是五十年。你認為一位投資人在這五十年中，應該買進多少支股票？

一百五十支？

五百支？

一千支？

大多數人一生中會買進幾百支不同的證券。假設他們每兩個月買進一支股票，那麼五十年下來，將會買進超過三百間不同公司。

但巴菲特採取的是完全不同的方法。

他相信一生中只要買進二十筆投資，如果這二十筆投資分布在五十年內，那代表平均每二．五年只投資一間公司。

這樣的策略讓他的投資組合聚焦於最好的投資機會。換句話說，這麼做迫使他拒絕每一個投資機會，直到找到他認為是接下來幾年內最好的投資為止。

所以，**你應該設立目標，每隔幾年只投資一間企業**。持續拒絕各種公司，直到你遇見你認為是一整年內最好的投資機會。那就是所謂的「專注」。

專注，就是拒絕不錯的投資機會，以專注於真正重要的少數機會。

\ 致富思維轉變 /

舊觀點

1. 用量化的安全邊際來選股。
2. 買進自己覺得不錯的投資機會。

新觀點

1. 用質化的安全邊際來選股。
2. 對「不錯的投資機會」說「不」，以專注於那些極少數的優質機會。

第五部

……你就能在股市中致富

#原則12　堅持你的原則

好的投資人若不遵守自己的原則，就會做出不好的投資。

第十四章

好的投資人也會賠錢的原因

比爾・艾克曼是一位年輕的投資神童。從哈佛大學以優異成績畢業後的四年內，他募集了五億美元，創辦了投資公司高譚合夥（Gotham Partners）。之後，他又成立了第二支基金——潘興廣場資本管理公司。

他做過幾筆成功的投資。他相信即將破產的購物中心營運商——普遍成長資產——能夠成功重整，選擇押注，結果資金增長超過二〇〇〇%。後來，他持有的加拿大太平洋鐵路（Canadian Pacific Railway）股票在幾年內，也從每股四十九美元上漲至超過兩百二十美元。

他因此被譽為全球最佳投資人之一。投資資訊網站 Investopedia 將他列為全球前二十名避險基金經理人之一。從二〇〇四年到二〇一四年，他為投資人創造了超過一百一十六億美元的收益，表現超越整體市場。

但艾克曼犯了一個錯誤。

艾克曼在二〇一五年時接觸到一間名為威朗的製藥公司。

這間公司並不符合艾克曼的投資標準。這是一間受食品藥物管理局管理的製藥公司，面臨很大的監管風險。此外，任何人都可以複製公司的商業策略（而且後來也確實有幾間公司這麼做了）。

艾克曼一向只投資市場龍頭企業——那些不會暴露於監管風險之下，並且擁有明確競爭優勢的公司。

但他最終還是決定投資威朗。

結果這成了他投資生涯中最嚴重的錯誤之一。

接下來幾年，威朗缺乏競爭優勢的事實變得災難性，像遠藤製藥（Endo）這樣的競爭者完全複製威朗的商業策略。威朗也開始出現監管風險。參議院委員會指控威朗操縱藥價，導致其股價暴跌九〇%。

結果，艾克曼在威朗的投資上損失了超過三十億美元，使他跌出《富比士》四百大富豪榜。這可能是他投資生涯中最嚴重的錯誤，重創他的傳奇投資人聲譽。

艾克曼知道投資一間暴露於監管風險的製藥公司是個壞主意。

艾克曼知道投資一間缺乏競爭優勢的公司是個壞主意。

但他還是這麼做了。

他也為此付出了代價。

這件事的教訓是什麼？優秀的投資人會賠錢，並不是因為他們缺乏遵守已被證實有效的投資原則的情緒紀律。然而，即使是最偉大的投資者，也常常犯這個相當普遍的錯誤。

卡爾．伊坎從來不相信人可以「預測市場」，但他卻在二〇一七年試圖預測市場走勢，結果損失了九十億美元。他說：「我一直告訴別人，沒有人能真正準確預測市場的短期或中期走勢。也許這幾年我犯的錯就是沒有遵循自己的建議。」

對沖基金經理人大衛．恩宏（David Einhorn）也說，他不相信有人能在「非常短期的時間範圍內」預測市場。但不久之後，他也根據當時的地緣政治緊張局勢（如俄烏衝突），公開預測股市的走勢。

艾克曼一向認為放空股票是一種高風險策略。但他在二〇一二年放空傳銷營養品公司賀寶芙（Herbalife）時損失超過十億美元，然後他就宣布「永久退出」放空交易。

這些都是聰明的投資人。他們挑選股票的能力比華爾街九八．九%的避險基金經理人都要高。但他們還是虧損數十億美元，這正是因為他們沒有堅守自己早已證實有效的投資原則。

所以，這是我提出的建議。

如果你想避免這些投資人犯過的錯誤，你就必須對本書中的投資原則保持堅定不移的承諾。

我建議你列出本書中所有的教訓（本章最後會提供一個範例清單），然後承諾永遠不會違反清單中的任何一項。

至少，艾克曼在威朗投資慘賠之後，他就是這麼做的。他將自己的投資哲學寫成規定，確保自己不會再違反這些規定：

「有八項原則推動我們的投資成功，當我們違反這八項原則時，我們就會虧錢。在那兩次（失敗的投資案，賀寶芙和威朗）之後……我回到推動我們公司前十二年成功的核心原則，甚至讓我們團隊的一位成員把這些原則真的刻在石板上，有點像摩西的十誡。自從（賀寶芙和威朗）失敗後，我們死守這些原則，而我們也很幸運地重新回到了前十二年的成功。因此，我認為關鍵在於堅守你的原則。」

此外，只有在符合你的所有投資標準時，才執行交易。

人們常說，你永遠不應該妥協自己的誠信。

同樣的，你也永遠不應該妥協自己的投資原則。

股市裡有成千上萬間上市公司。

我向你保證，絕對有足夠多公司符合你所有的投資標準。你可能需要花一點時間去等待那些投資機會，但這些機會確實存在。所以，你永遠沒有理由去對任何一項投資原則做妥協。

以下是本書中涵蓋的投資原則清單，讓你在需要時隨時能回憶起本書的投資原則。

永遠不要違反這些原則中的任何一條：

- **買進無論任何情況都能成功的公司**：大多數大型公司長期下來都不會成功。少數能成功的公司，是那些沒人能與之競爭的公司。
- **產業很重要**：產業的表現與公司的表現同樣重要。你可以對產業的判斷是正確的，即便挑錯了股票，仍然能賺進一大筆財富。
- **現金流很重要**：每間公司就像是一部印現金流的機器。你的工作就是找出那些印出的現金流，與你買下這台機器所需的成本相比，非常可觀的公司。
- **買乏人問津的股票**：買進那些沒人要的好公司。如果市場對它的預期本來就很低，那它要超越預期就很容易。
- **不要害怕支付溢價**：願意為高品質付出溢價。你常常可以付出比你想像中還有多的價格。
- **每個人都有能力選中十倍股**：巴菲特和彼得・林區就是靠選中十倍股致富的。憑什麼你不行？就像創業家一樣，瞄準那些能帶來大筆報酬的機會。找出那些有長期成長跑道的高品質公司。

- **說好財務故事**：財務分析不只是評估公司的財務健康狀況。這是將數字轉化為一則關於這家公司故事的過程。
- **平衡成長與價值**：買進那些已經成功的成長股。這就是成長與價值之間的終極和諧。
- **避免賠錢股比挑中賺錢股更重要**：風險管理的重點是先避免虧損，然後才預測贏家。如果你能保護好下跌風險，上漲空間自然會自己照顧自己。
- **什麼事都不做**：大多數企業主很多年都不會改變他們的業務組合。你何不在股市中也這麼做？不要買進。不要賣出。什麼事都不做。
- **專注**：拒絕那些不錯的投資機會，只專注在那些真正重要的少數。
- **堅守你的原則**：永遠不要違反你自己的投資原則，因為好投資人只要違反自己的原則，就會做出糟糕的投資決策。

後記

如果你喜歡這本書，歡迎在亞馬遜網站上留下你對這本書的評論。如果你想連絡我，請來信郵件地址：danial.jiwani@danialjiwani.com。

——丹尼爾．吉瓦尼

附註

第二章

- 在同一時期，整體股市中只有約四％的股票，真正貢獻了全部的財富增長：Sommer, J. (2017, September 22). *The best investment since 1926? Apple*. The New York Times. https://www.nytimes.com/2017/09/22/business/apple-investment.html。

第三章

- 「巴菲特曾經避開科技股，現在他卻超愛。發生了什麼事？」：Seessel, A. (2018, December 26). *Warren Buffett used to avoid tech stocks. now he loves them. Here's why*. Money. https://money.com/value-investing-embraces-tech/。
- 花旗集團：根據投資資訊網站Investopedia的資料，截至2023年4月為止，在過去25年來，花旗是標普五百指數中表現第二差的股票：Niedens, L. (2023, April 18). *'Monster' of a Stock: Beverage Firm Tops S&P 500 For Past Quarter Century*. Investopedia. https://www.investopedia.com/monster-beverage-tops-s-and-p-500-for-25-years-7480124.
- 從性價比的角度來看，超微在每個價位點都打敗了英特爾。英特爾只是擁有品牌知名度而已：R/valueinvesting on reddit: Average joe success stories? (n.d.). https://www.reddit.com/r/ValueInvesting/comments/wfp3yd/average_joe_success_stories/。
- 唯一可持續的競爭優勢，就是比你的競爭對手學得更快，並能把學到的東西付諸行動：*The Foundation of a Sustainable Competitive Advantage*. https://www.ttec.com/articles/foundation-sustainable-competitiveadvantage#:~:text=Jack%20Welch%2C%20famous%20or%20infamous,recognized%20as%20both%20true%20and
- 一位華爾街分析師對馬斯克提問，詢問建造特斯拉電動車基礎建設的資本需求：「具體來說，你們的資本需求會落在哪個範圍？」：Transcripts, S. (2018, August 2). *Tesla (TSLA) Q1 2018 results - earnings call transcript*. Seeking Alpha. https://seekingalpha.com/article/4169027-tesla-tsla-q1-2018-results-earnings-call-transcript

- 他從原本沒聽過這間公司，到買下這間公司，只花了十五分鐘研究：Hathaway, B. (2018, April 4). Buffett's "five minute test." CNBC. https://buffett.cnbc.com/video/1997/05/05/buffetts-five-minute-test.html。

第四章

- 在葛拉漢的課堂上，有一整群人都和施洛斯一樣成功：The superinvestors of Graham-and-doddsville | columbia business school. (n.d.-b). https://business.columbia.edu/cgi-finance/chazen-global-insights/superinvestorsgraham-and-doddsville。
- 這獲利率高得驚人！每花○．二六美元製造一包香菸，就能賺進十美元的營收：Tobacco-Free Life. (2016, June 17). *Cost of Smoking*. https://tobaccofreelife.org/why-quit-smoking/cost-smoking/。
- 根據多項關於產業獲利能力的研究，菸草產業被列為美國前五大最賺錢的產業之一：Quantofasia, B. (2020, January 14). *Some industries really are more profitable than others*. GFM Asset Management. https://gfmasset.com/2020/01/some-industries-really-are-more-profitable-than-others/。
- So he changed his direct report's compensation to be based on economic profits (a measure of shareholder value) rather than on earnings growth: *The Wall Street Journal Interactive Edition*. (n.d.). https://users.business.uconn.edu/jgolec/finmanwsj/1eva.htm。
- The company's stock price compounded at 27% annually and its market value rose from $4 billion in 1981 to $145 billion in 1997: *The Goizueta Legacy*. (n.d.). Emory University Goizueta Business School. https://goizueta.emory.edu/about/legacy
- 事實上，若是將經濟利潤成長與營收成長結合起來，對股價表現的預測能力幾乎是單靠每股盈餘的兩倍：Gupta, V., Koller, T., & Stumpner, P. (2021, October 19). *Which metrics really drive total returns to shareholders?* McKinsey & Company. www.mckinsey.com/capabilities/strategy-and-corporate-finance/our-insights/whichmetrics-really-drive-total-returns-to-shareholders。
- Warren Buffett recently revealed that his Berkshire Hathaway conglomerate sold its stakes in the 'big four' airlines in April for a fraction of what it paid for them, and admitted the bet was a 'mistake：Mohamed, T. (2020, May 5). Why Warren Buffett bet on the "big 4" airlines against his own advice, then dumped them at a loss. *Markets Insider*. https://markets.businessinsider.com/news/stocks/why-warren-buffett-invested-big-4-airlinessold-them-loss-2020-5-1029167021#:~:text=Parachuting%20

out,a%20solid%20return%20for%20Berkshire.

- 根據紐約大學史登商學院的資料，過去十年來，菸草業平均資本報酬率為七六％：NYU Stern School of Business. (n.d.). *Return on capital by sector (US)*. Welcome to Pages at the Stern School of Business, New York University. https://pages.stern.nyu.edu/~adamodar/New_Home_Page/datafile/roc.html
- 「保險是波克夏最重要的業務」：*Warren Buffett: Insurance is the most important business at Berkshire*. (2024, May 4). [Video]. CNBC. https://www.cnbc.com/video/2024/05/04/warren-buffett-insurance-is-the-most-importantbusiness-at-berkshire.html。

第五章

- 賽斯・克拉曼是包普斯特財務管理集團的創辦人，三十多年來每年的報酬率達二〇％：*Seth Klarman portfolio analysis: Achieving long-term success in investing*. Hedge Fund Alpha. (2024, March 25). https://hedgefundalpha.com/seth-klarman-portfolio/。
- 「我的底線是，如果一項資產具有現金流，或是在短期內有產生現金流的可能性，且其價值並非完全取決於未來買方可能支付的價格，那麼這就是一項投資。」：Novel Investor. (n.d.). *Quotes on Speculation・Novel Investor*. https://novelinvestor.com/quote-category/speculation/
- "As a young(er) investment analyst, I once met with the CFO of a large US West Coast bank. I was anxious beforehand": *Focusoncashquotes-Investment Masters Class*. (n.d.). Investment Masters Class. https://mastersinvest.com/focusoncashquotes。
- "I think the job of a security analyst is to take the reported GAAP earnings of a business and translate them": *Focusoncashquotes-Investment Masters Class*. (n.d.). Investment Masters Class. https://mastersinvest.com/focusoncashquotes。

第六章

- 一間信用評等機構說，垃圾債券因為高風險而「不具備理想投資的特徵」：Talks at Google. (2015, March 30). *The Most Important Thing - Origins and Inspirations | Howard Marks | Talks at Google* [Video]. YouTube. https://www.youtube.com/watch?v=6WroiiaVhGo。
- 他們花了大量時間狂讀巴菲特的年度股東信：Wall Street Journal. (n.d.-c). A wunderkind hedge fund strayed beyond value investing. here's what happened next. https://www.wsj.com/finance/investing/a-hedge-fund-wunderkind-strayed-beyondvalue-investing-heres-what-happened-next-7e900d74。
- 他們的基金被評為十大表現最差避險基金之一：Jain, A. (2021, August 10). *These are the ten worst performing hedge funds*. ValueWalk. https://www.valuewalk.com/ten-worst-performing-hedge-funds/。
- 「你必須在沒人想要的時候買進，這才是真正的投資祕訣。聽起來非常簡單，但真的非常難做到。當所有人都討厭時，你要買進；當所有人都想要時，你就賣給他們。」：Investor Talk. (2020, May 17). *Carl Icahn: Buy Assets that Nobody Wants* [Video]. YouTube. https://www.youtube.com/watch?v=MraKPAKhTVM。
- 在二〇〇八年沒人想擁有銀行股的時候，巴菲特買進了高盛五十億美元的股份：*Going to the Oracle: Goldman Sachs, September 2008 - Case - Faculty & Research - Harvard Business School*. (n.d.). https://www.hbs.edu/faculty/Pages/item.aspx?num=37343#:~:text=On%20September%2023%2C%202008%2C%20in,%245%20billion%20in%20Goldman%20Sachs。
- 當iPhone的銷售放緩，導致沒人想擁有蘋果股票時，巴菲特買進了三百八十億美元：*Warren Buffett's Berkshire Hathaway Has Spent $77.5 Billion Buying This Stock Since 2018* https://finance.yahoo.com/news/warren-buffetts-berkshire-hathaway-spent-120100323.html。
- 在一九七〇年代末期，沒人想要投資汽車保險公司，但巴菲特買進了兩千四百五十萬美元的蓋科股票：Sather Research LLC. (2023, May 19). *The Rise, Fall, and Rise Again of Warren Buffett's GEICO Investment*. Investing for Beginners 101. https://einvestingforbeginners.com/rise-fallrise-again-buffett-geico/。
- 華爾街擔心維修成本上升會壓縮毛利率，再加上公司的技術長離職：Levy, A., & Kolodny, L. (2019, July 25). *Tesla suffers its worst day of the year after brutal earnings report and loss of technology chief*. CNBC. https://www.

cnbc.com/2019/07/25/tesla-is-having-worst-day-of-2019-after-earnings-andloss-ofcto.html#:~:text=Tesla%20shares%20suffered%20their%20steepest,to%20%24228.82%20at%20the%20close。

- 蓋科遭遇了高達一．二六億美元的虧損，這是該公司36年來首次出現虧損：Martin, D. (2013, March 13). *John J. Byrne dies at 80; turned around Geico*. The New York Times. https://www.nytimes.com/2013/03/13/business/john-j-byrne-dies-at-80-saved-geicofrom-Bankruptcy.html。
- 沒有人想持有蓋科。更糟的是，公司還動用「創意會計」手法來淡化通膨的影響：Geico went from Brink to the bank - TheWashington Post. (n.d.-a). https://www.washingtonpost.com/archive/politics/1995/08/26/geico-went-from-brink-tothe-bank/29a14f3e-f535-4819-ab29-e87f78018b9e/。
- 她與第一任丈夫的婚姻在短短幾年內就結束了：Mata, W. (2023, February 23). Who is JK Rowling's first husband Jorge Arantes and why is he back in the news? *The Standard*. https://www.standard.co.uk/news/uk/who-jk-rowling-first-husband-jorgearantes-domestic-abuse-b1062405.html。
- 她差點流落街頭，因為她負擔不起一千一百八十九英鎊的房租：Athene. (2021, September 29). *J.K. Rowling, the 'rags to riches' story we didn't know we needed*. Qualified. https://qualifiedwomen.com/2021/09/29/j-k-rowling-the-rags-to-riches-story-we-didnt-knowwe-needed/。
- 她罹患憂鬱症，甚至曾經考慮自殺。羅琳說：「我指的是自殺的念頭，不是『我有點難過』而已。」："Harry Potter" author J.K. Rowling: "I considered suicide" - suicide.org! (n.d.). http://www.suicide.org/jk-rowling-consideredsuicide.html。
- 〈比爾．艾克曼的私人避險基金生涯結束了嗎？〉：Cao, S. (2018, April 6). Is Bill Ackman's Private Hedge Fund Career Over? *Observer*. https://observer.com/2018/04/billackmans-private-hedge-fund-career/。
- 「怎麼會虧損？股價怎麼會比新冠肺炎時期的低點還要低？」：Partridge, J., & Paul, K. (2022, October 28). $80bn wiped from value of Facebook and Instagram owner Meta. *The Guardian*. https://www.theguardian.com/technology/2022/oct/26/meta-earnings-report-facebookstocks。
- 一九一九年時，有一間年營收約三千萬美元的小型飲料公司：America's Corporate Foundation. (1920). The Coca-Cola Company Annual Report -- 1920. *In ProQuest Historical Annual Reports* (p. 1). https://ia801003.us.archive.org/27/items/

cocacolacoannualreports/cocacola1920.pdf。

- 公司正捲入一起最高法院的商標侵權官司：*Coca-Cola Co. v. Koke Co., 254 U.S. 143 (1920)*. (n.d.). Justia Law. https://supreme.justia.com/cases/federal/us/254/143/ Coca-Cola the 1920s: The Martin Guide to vintage coca-cola memorabilia & price guide. Earlycoke.com 2022. (n.d.). https://www.earlycoke.com/coca-cola-during-the-1920s。
- 這個小鎮成為全美人均最富有的城鎮，出現超過六十七位「可口可樂百萬富翁」：Kennon, J. (2019, May 23). *How Quincy, Florida Became a Town of Secret Coca-Cola Millionaires*. Joshua Kennon. https://www.joshuakennon.com/how-quincyflorida-became-a-town-of-secret-coca-cola-millionaires/。

第七章

- 根據《商業內幕》（*Business Insider*）的資料，這筆投資報酬率超過八〇〇〇％，成為巴菲特歷來最成功的投資之一：Cfa, G. M. (2023, June 11). Lessons From Warren Buffett's See's Candies Acquisition. *Behavioral Value Investor*. https://behavioralvalueinvestor.substack.com/p/lessons-from-warren-buffetts-sees。
- Koller, T. M. (n.d.). *Data focus: A long-term look at roic*. ROIC: https://www.mckinsey.com/~/media/McKinsey/Business Functions/Strategy and Corporate Finance/Our Insights/A long term look at ROIC/A long term look at ROIC.pdf。
- 如果你在一九六九年投資一萬美元到戴維斯紐約創投基金，現在的價值大約會是三百三十萬美元；而如果把同樣金額投入標普 500，到今天只會值兩百二十萬美元：Kandolin, M. (2023, November 12). Chris Davis, A Model for a Well Lived Investing Life. *Wall St Gunslinger*. https://www.wsgresearch.com/p/chris-davis-a-model-for-a-well-lived。
- Today, Chris Davis personally manages over $20 billion, making him one of the few investors to manage over eleven figures in capital: Christopher C. Davis. (n.d.-a). https://www.coca-colacompany.com/content/dam/company/us/en/leadershippdf/christopher-davis-bio-the-coca-cola-company.pdf。
- 這張表揭示了一個不令人意外的發現：一間公司的投入資金報酬率與公司的估值之間有直接的相關性：Trainer, D. (2018, August 5). *Roic: The paradigm for linking corporate performance to valuation*. LinkedIn. https://www.linkedin.com/pulse/roic-paradigm-linking-corporateperformance-valuation-david-trainer。

第八章

- 他是第一位登上《富比士》四百大排行榜的波多黎各人：Greenberger, A. (2024, October 2). *Orlando Bravo*. ARTnews.com. https://www.artnews.com/art-collectors/top-200-profiles/orlando-bravo/
- 有一項研究指出：「人工智慧操作的共同基金未能創造顯著的風險調整後報酬，其選股能力只略高一點點……且完全沒有擇時入市的判斷能力。」：Swedroe, L. (2024, October 18). *Artificial Intelligence, Textual Analysis and Hedge Fund Performance*. Alpha Architect. https://alphaarchitect.com/2024/10/aifunds/#:~:text=AI%2Dpowered%20mutual%20funds%20did%20outperform%20their%20human%2Dmanaged%20peers,their%20portfolios%20were%20more%20concentrated。
- 公司擁有非常大量的資料，但成功的關鍵不在於蒐集資料，而是……見解。：*15 quotes and stats to help boost your data and analytics savvy | MIT Sloan*. (2021, March 9). MIT Sloan. https://mitsloan.mit.edu/ideas-made-to-matter/15-quotes-and-stats-tohelp-boost-your-data-and-analytics-savvy。
- 「目標是將資料轉化為資訊，再將資訊轉化為見解。」:DigitalDefynd, T. (2024, February 26). *125 Inspirational Quotes About Data and Analytics [2024] - DigitalDefynd*. DigitalDefynd. https://digitaldefynd.com/IQ/inspirational-quotes-about-data-and-analytics/。

第九章

- He coined the term “GARP Investing”: DiLallo, M. (2024, July 9). *What Is Growth at a Reasonable Price (GARP)*? The Motley Fool. https://www.fool.com/terms/g/garp/
- 他曾說過，他的投資組合配置在成長股上從未超過五〇%：Huber, J. (2018, January 25). *The Misunderstanding of Peter Lynch's Investment Style*. www.linkedin.com/pulse/misunderstanding-peter-lynchs-investment-style-john-huber/。
- 如果你看看「巴菲特歷來最棒的三筆投資」（蘋果、穆迪與美國運通），根據投資資訊網站 The Motley Fool 的報導，你會發現他在投資這些公司時，它們都是成長股：https://www.fool.com/investing/2022/03/31/warren-buffett-3-greatest-investments-of-alltime/。
- 正如林區說的：「你不能抱著週期性股票睡十年，然後期望能大賺一筆。成長股才會讓你賺大錢。」：Novel

Investor. (n.d.-a). *Quotes on Growth Stocks Novel Investor*. https://novelinvestor.com/quote-category/growth-stocks/。

第十章

- 根據《富比士》的報導，彼得．林區在他十三年的投資生涯中，投資了十多支最終價值增加超過十倍的股票：Forbes Magazine. (2012, July 11). *Peter Lynch: 10-Bagger tales*. Forbes. https://www.forbes.com/2009/02/23/lynch-fidelity-magellan-personalfinance_peter_lynch.html?sh=73d3dc55474d。
- 他最著名的投資之一，就是早期投資 Dunkin' Donuts，讓他獲得了十到十五倍的報酬：Jon. (2020, March 11). *Peter Lynch: The Single Most Important Thing*. Novel Investor. https://novelinvestor.com/peter-lynch-singleimportant-thing/。
- 美國銀行獲利四倍：Mohamed, T. (2024, October 4). Warren Buffett plowed $5 billion into Bank of America during the debt-ceiling crisis of 2011. Here's a look back at one of the most lucrative deals of his career. *Markets Insider*. https://markets.businessinsider.com/news/stocks/warren-buffett-invested-5-billion-bank-ofamerica-made-fortune-2020-10-1029690339。
- 「我認為這其實與投資人在評估新創公司時，所犯下的最大錯誤之一有關」：Y Combinator. (2018, August 29). *Sam Altman - How to Succeed with a Startup* [Video]. YouTube. https://www.youtube.com/watch?v=0lJKucu6HJc

第十一章

- 「驚人的是，像我們這樣的人，獲得的長期優勢來自於⋯」：*Inversion: The Billionaire Thinking Skill You Were Never Taught in School. – Mayo Oshin*. (2018, February 1). Mayo Oshin. https://www.mayooshin.com/inversion-charlie-munger-billionairethinking。
- 「真正強大的防守會讓進攻變得輕鬆」：Jon. (2022, August 12). *Wise Words from Charley Ellis*. Novel Investor. https://novelinvestor.com/wise-words-from-charley-ellis/。
- 只要保護好下跌風險，自然會有上漲的空間：Boy, T. (2021, December16). On Risk. - Thinker Boy - Medium. *Medium*. https://thinkerboy.medium.com/on-risk-7aec66bb2f47。
- "To the extent that [Jim Collin's predictions] don't actually turn out to be true, it calls into question the basic premise of

these books, doesn't it?": Levitt, S. D. (2008, July 28). *From Good to Great ... to Below Average*. Freakonomics. https://freakonomics.com/2008/07/fromgood-to-great-to-below-average/。

- 「我們很願意接受巨大的風險。」: Berkshire Hathaway Inc. (n.d.). Berkshire Hathaway Inc. Annual Report. https://www.berkshirehathaway.com/letters/2005ltr.pdf
- 「一串亮眼的數字乘上一個零，永遠等於零。」：Berkshire Hathaway Inc. (n.d.). *Berkshire Hathaway Inc. Annual Report*. https://www.berkshirehathaway.com/letters/2005ltr.pdf。

第十二章

- 「她只是全押進去，然後就坐著不動。」：YAPSS Archive. (2022, September 14). *Charlie Munger on what it means to be diversified? | Daily Journal 2019*【C:C.M Ep.31】 [Video]. YouTube. https://www.youtube.com/watch?v=32LfG2SW37g。
- 1997年時，他持有約40%的亞馬遜股份：Sandler, R. (2021, June 28). Here's How Much Money Jeff Bezos Has Reaped From Selling Amazon Stock. Forbes. https://www.forbes.com/sites/rachelsandler/2021/06/24/heres-how-much-money-jeff-bezoshas-reaped-from-selling-amazon-stock/。
- 「我會說這個決定讓你們少賺了，嗯，差不多超過十億美元」：Mohamed, T. (2023, August 2). Mark Zuckerberg and Warren Buffett both love eating McDonald's. Their ties to the fast-food titan go back decades. *Markets Insider*. https://markets.businessinsider.com/news/stocks/mark-zuckerberg-warren-buffettmcdonalds-diet-franchise-meta-berkshire-stake-2023-8。
- Investing can be very simple: buy good companies, don't overpay and do nothing: x.com. https://twitter.com/QCompounding/status/1838918566118060145。

第十三章

- 在這十八個月內，我和扎克在股市的殘骸中搜尋：Sleep, N., & Zakaria, Q. (2021). *The full collection of the Nomad Investment Partnership Letters to Partners 2001 – 2014*. https://igyfoundation.org.uk/wpcontent/uploads/2021/03/Full_Collection_Nomad_Letters_.pdf。

- 「我們的安全邊際不在於付出的價格……」：IDP. (2021, August 9). *Warren Buffett in Switzerland: A Few Lessons on Value Investing* [Video]. YouTube. https://www.youtube.com/watch?v=V5pgsBGrefk
- 他相信一生中只要買進二十筆投資：Clear, J. (2020, February 3). *Warren Buffett's "20 Slot" Rule: How to Simplify Your Life*. James Clear. https://jamesclear.com/buffett-slots

第十四章

- 根據《財星》的分析，從二〇一七年到二〇二三年第一季，伊坎的空頭部位虧損將近九十億美元：Bove, T. (2023, May 19). *Carl Icahn bet on America to fail. Instead he lost $9 billion.* Fortune. https://fortune.com/2023/05/19/carl-icahn-bet-us-economiccrash-lost-9-billion/。
- 艾克曼曾押注即將破產的購物中心營運商普遍成長資產能夠成功重整，結果資金增長超過2,000%：Tun, Z. T. (2019, June 25). Bill Ackman's Greatest Hits and Misses. *Investopedia*. https://www.investopedia.com/articles/investing/032216/bill-ackmans-greatest-hits-andmisses.asp。
- 艾克曼在威朗的投資上損失了超過三十億美元，使他跌出《富比士》四百大富豪榜：Vardi, N. (2017, March 13). Billionaire Bill Ackman Sells Disastrous Valeant Investment After Nearly $4 Billion Loss. *Forbes*. https://www.forbes.com/sites/nathanvardi/2017/03/13/billionaire-billackman-sells-disastrous-valeant-investment-after-nearly-4-billion-loss/?sh=4b2ab76574b2。
- 「我一直告訴別人，沒有人能真正準確預測市場的短期或中期走勢。」：Yahoo. https://finance.yahoo.com/news/carl-icahn-bet-americafail-183000697.html
- 但不久之後，他也根據當時的地緣政治緊張局勢（如俄烏衝突），公開預測股市的走勢：Yahoo. https://finance.yahoo.com/news/billionaire-david-einhorn-10-stock-143940995.html
- 「有八項原則推動我們的投資成功」：Investor Talk. (2020b, June 29). *Bill Ackman: 8 Principles to Successful Investing* [Video]. YouTube. https://www.youtube.com/watch?v=q6TsybGD_ms。

國家圖書館出版品預行編目(CIP)資料

22歲投資奇才的選股筆記：成功的投資人都如何面對市場？一套「掌握這檔股」策略，不懂專業術語也能穩健致富。／丹尼爾．吉瓦尼（Danial Jiwani）著；呂佩憶譯. -- 初版. -- 新北市：方舟文化，遠足文化事業股份有限公司，2025.09
譯自：Take Stock In This: An Easy Way to Decide What Stock To Buy & When To Buy It

320 面；14.8×21 公分 . --（致富方舟；22）
ISBN：978-626-7767-14-6（平裝）
1.CST：股票投資　2.CST：投資技術　3.CST：投資分析

563.53　　114010693

方舟文化官方網站　方舟文化讀者回函

致富方舟 0022

22 歲投資奇才的選股筆記

成功的投資人都如何面對市場？一套「掌握這檔股」策略，不懂專業術語也能穩健致富。

作者　丹尼爾．吉瓦尼（Danial Jiwani）｜**譯者**　呂佩憶｜**主編**　李芊芊｜**校對編輯**　張祐唐｜**封面設計**　張天薪｜**內頁設計**　顏麟驊｜**特約行銷**　徐千晴｜**總編輯**　林淑雯｜**出版者**　方舟文化／遠足文化事業股份有限公司｜**發行**　遠足文化事業股份有限公司（讀書共和國出版集團）231 新北市新店區民權路 108-2 號 9 樓　電話：（02）2218-1417　傳真：（02）8667-1851　劃撥帳號：19504465　戶名：遠足文化事業股份有限公司　客服專線：0800-221-029　E-MAIL：service@bookrep.com.tw｜**網站**　www.bookrep.com.tw｜**印製**　呈靖彩藝有限公司｜**法律顧問**　華洋法律事務所　蘇文生律師｜**定價**　400 元｜**初版一刷**　2025 年 9 月｜**初版二刷**　2025 年 10 月